www.dongyangbooks.com

새로운 도서, 다양한 자료
동양북스 홈페이지에서 만나보세요!

홈페이지 활용하여 외국어 실력 두 배 늘리기!

--- 홈페이지 이렇게 활용해보세요! ---

1 도서 자료실에서 학습자료 및 MP3 무료 다운로드!

❶ 도서 자료실 클릭
❷ 검색어 입력
❸ MP3, 정답과 해설, 부가자료 등 첨부파일 다운로드
* 원하는 자료가 없는 경우 '요청하기' 클릭!

2 동영상 강의를 어디서나 쉽게! 외국어부터 바둑까지!

500만 독자가 선택한

가장 쉬운
독학 일본어 첫걸음
14,000원

가장 쉬운
독학 중국어 첫걸음
14,000원

가장 쉬운
독학 베트남어 첫걸음
15,000원

가장 쉬운
독학 스페인어 첫걸음
15,000원

가장 쉬운
프랑스어 첫걸음의 모든 것
17,000원

가장 쉬운
독일어 첫걸음의 모든 것
18,000원

가장 쉬운
스페인어 첫걸음의 모든 것
14,500원

버전업! 가장 쉬운
베트남어 첫걸음
16,000원

버전업! 가장 쉬운
태국어 첫걸음
16,800원

첫걸음 베스트 1위!

가장 쉬운
러시아어 첫걸음의 모든 것
16,000원

가장 쉬운
이탈리아어 첫걸음의 모든 것
17,500원

가장 쉬운
포르투갈어 첫걸음의 모든 것
18,000원

가장 쉬운
터키어 첫걸음의 모든 것
16,500원

버전업! 가장 쉬운
아랍어 첫걸음
18,500원

가장 쉬운
인도네시아어 첫걸음의 모든 것
18,500원

가장 쉬운
영어 첫걸음의 모든 것
16,500원

버전업! 굿모닝
독학 일본어 첫걸음
14,500원

가장 쉬운
중국어 첫걸음의 모든 것
14,500원

중국어뱅크

바로바로 연습해서 차근차근 나아가는

착착 중국어

STEP 1

김윤경·정성임 지음

동양북스

중국어뱅크
바로바로 연습해서 차근차근 나아가는
착착 중국어 STEP 1

초판 2쇄 | 2019년 1월 10일

지은이 | 김윤경, 정성임
발행인 | 김태웅
편집장 | 강석기
책임 편집 | 정지선
디자인 | 서진희
마케팅 총괄 | 나재승
마케팅 | 서재욱, 김귀찬, 오승수, 조경현, 양수아, 김성준
온라인 마케팅 | 김철영, 양윤모
제　작 | 현대순
총　무 | 김진영, 안서현, 최여진, 강아담
관　리 | 김훈희, 이국희, 김승훈

발행처 | (주)동양북스
등　록 | 제2014-000055호
주　소 | 서울시 마포구 동교로22길 12 (04030)
전　화 | (02)337-1737
팩　스 | (02)334-6624

www.dongyangbooks.com

ISBN 979-11-5768-331-4　14720
　　　979-11-5768-330-7　(세트)

ⓒ 2017, 김윤경·정성임

▶ 본 책은 저작권법에 의해 보호를 받는 저작물이므로 무단 전재와 복제를 금합니다.
▶ 잘못된 책은 구입처에서 교환해 드립니다.

이 도서의 국립중앙도서관 출판예정도서목록(CIP)은 서지정보유통지원시스템 홈페이지(http://seoji.go.kr)와
국가자료공동목록시스템(http://www.nl.go.kr/kolisnet)에서 이용하실 수 있습니다.
(CIP제어번호: CIP2017033559)

머리말

중국어는 이제 선택이 아니라 필수다!

　1992년 한중 수교 이래 벌써 20여 년이 흘렀다. 그동안 한중 간의 교류가 여러 방면에서 활발하게 이루어지면서 이제는 우리 주위에서도 흔하게 중국인들을 접하게 된다. 대학의 캠퍼스에서는 물론이고 거리에서도 중국인들이 넘쳐난다. 중국이 경제적으로 성장하면서 관광객이 늘어나고 유학생 또한 증가일로의 추세인 것이다. 그러다 보니 회사의 중국 담당자는 물론이고 지역 소상인들까지도 중국어를 할 줄 아는 세상이 되었다.

　중국어 수요에 맞추어 중국어 관련 서적도 많이 출판되고 있다. 서점에 가서 보면 어린이 중국어에서부터 취미 중국어까지 다양한 책들이 있다. 그만큼 많은 사람이 중국어를 공부한다는 의미일 것이다. 일부 대학에서는 중국어 비전공 학생들에게도 중국어를 교양으로 반드시 수강하게 한다.

　이러한 중국어 학습 시장의 변화에 따라 이 책은 다음과 같은 특징을 가진다. 첫째, 한국에서 중국어를 배우는 학습자가 체계적으로 중국어를 학습할 수 있게 하기 위해 출판되었다. 둘째, 본문의 내용은 한국에서 중국어를 익히는 학습자가 다양하게 자신과 주변 환경을 소개할 수 있도록 이루어졌다. 셋째, 일정한 패턴을 가지고 중국어 표현법을 익히게 하였다. 외국어 학습에서 가장 중요한 것 중의 하나는 반복 학습이다. 어떤 표현을 일정한 패턴을 가지고 반복 학습하다 보면 자신도 모르게 유창한 의사 표현이 가능해진다.

　하나의 외국어를 익히면 또 다른 하나의 세상이 열리게 된다. 중국어를 통하여 중국이라는 또 다른 세상을 알 수 있게 된다. 중국어 공부의 최종 목적은 중국인과의 소통이다. 캠퍼스에서 거리에서 당신이 먼저 중국인에게 다가가 보자. 반갑게 화답하는 중국어가 들려올 것이다. 加油!(파이팅!)

저자 **김윤경**, **정성임**

차 례

머리말·3   이 책의 구성·6   일러두기·8

오리엔테이션 중국어 기본 상식, 중국어 발음, 교실 중국어·9

Lesson 01 你好! 안녕하세요!·27
- **학습 목표** 만날 때 인사하기
- **학습 내용** 인칭대명사, 중국의 인사말

Lesson 02 谢谢! 감사합니다!·33
- **학습 목표** 감사 및 사과 표현하기, 헤어질 때 인사하기
- **학습 내용** 감사 표현, 사과 표현, 헤어질 때 인사 표현

Lesson 03 你是学生吗? 당신은 학생입니까?·39
- **학습 목표** 신분 묻고 답하기
- **학습 내용** 是자문, 부사 也와 都, 어기조사 吗 의문문

Lesson 04 你是中国人吗? 당신은 중국인입니까?·49
- **학습 목표** 국적과 이름 묻고 답하기
- **학습 내용** 동사술어문, 특수의문문, 이름을 묻는 표현

Lesson 05 你姓什么? 당신의 성은 무엇입니까?·59
- **학습 목표** 성과 이름 묻고 답하기
- **학습 내용** 상대에 따른 성 묻기, 어기조사 吧, 请问…

Lesson 06 你是哪个系的学生? 당신은 어느 학과 학생입니까?·69
- **학습 목표** 학과와 학년 묻고 답하기
- **학습 내용** 양사, 的의 용법, 소유를 나타내는 有, 의문대명사 几

복습 Lesson 01~06·79

Lesson 07	**现在几点?** 지금 몇 시입니까? · 87
학습 목표	시간 묻고 답하기, 학교 수업에 대해 말하기
학습 내용	숫자 읽기, 시간 표현, 개사 在

Lesson 08	**星期六你有事吗?** 토요일에 무슨 일 있나요? · 97
학습 목표	사는 곳 묻고 답하기, 생일과 나이 묻고 답하기, 전화번호 묻고 답하기
학습 내용	날짜와 요일, 명사술어문, 동사 在

Lesson 09	**你家有几口人?** 식구가 몇 명입니까? · 107
학습 목표	가족 구성원 소개하기
학습 내용	가족 호칭, 동사 중첩, 형용사술어문

Lesson 10	**你最近忙吗?** 요즘 바쁘세요? · 117
학습 목표	상태 묘사하기
학습 내용	정도부사 有点儿, 정반의문문, 주술술어문, 대략적인 수를 나타내는 有, 어기조사 呢

Lesson 11	**你每天几点起床?** 매일 몇 시에 일어납니까? · 127
학습 목표	하루 일과 소개하기
학습 내용	연동문, 하루 일과 표현, 前과 后, 怎么样

Lesson 12	**今天我请客。** 오늘은 제가 한턱낼게요. · 137
학습 목표	좋아하는 것 묻고 답하기
학습 내용	조동사 想, 선택의문문, 又…又…, 개사 给, 접속사 或者

복습	Lesson 07~12 · 147

부록	발음 연습·복습 정답, 본문 회화 해석 · 157

이 책의 구성

본책

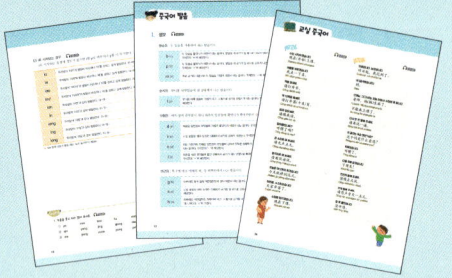

오리엔테이션
본문 학습 전에 학습자가 반드시 익혀야 할 중국어 기초 상식과 발음, 수업 시 활용할 수 있는 교실 중국어를 수록했습니다.

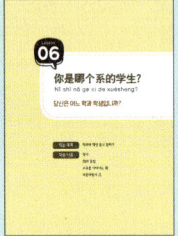

도입
해당 과의 학습 목표와 학습 내용을 제시하였습니다.

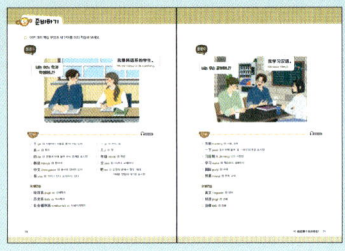

준비하기
핵심 표현 및 본문과 교체 연습에 나오는 새 단어를 미리 알아보는 코너입니다. 삽화와 제시된 문장을 통해 해당 과에서 배울 내용을 엿볼 수 있습니다.

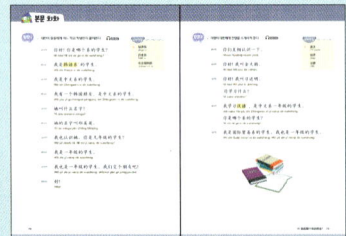

본문 회화
중국 유학생과 중국어를 배우는 한국 학생들의 학교 생활을 담았습니다. 교체 연습을 통한 반복 학습으로 자연스럽게 문장을 익힐 수 있습니다.

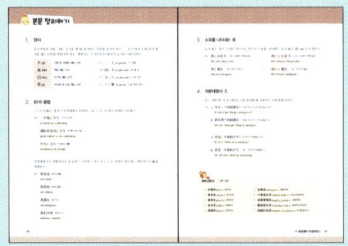

본문 정리하기
본문에서 꼭 알고 가야 하는 기초 어법과 표현을 정리했습니다. 어휘 더하기를 통해 본문과 관련된 단어를 추가로 익힐 수 있습니다.

회화 확장하기

주요 문장과 그 문장에 가능한 여러 가지 답변을 제시하였습니다. 다양한 문장을 반복하여 연습함으로써 자신의 상황에 맞는 답변을 할 수 있습니다.

실력 확인하기&명언

유사한 패턴의 문장을 중국어로 말해 보며 실력을 확인할 수 있습니다. 각 과에서 학습한 단어가 담긴 명언으로 한 과를 마무리합니다.

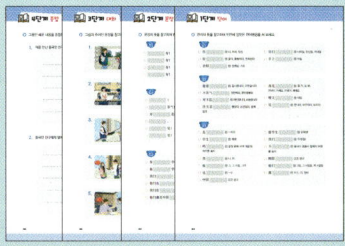

복습

여섯 과를 학습한 후 4단계에 걸쳐서 복습하는 코너입니다. 단어, 문장, 대화 순서로 복습한 후 질문에 대한 자신만의 답변을 만들어 볼 수 있습니다.

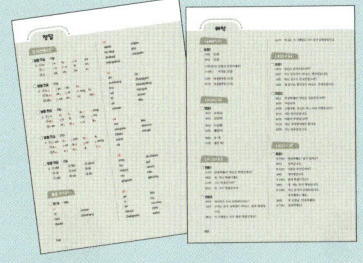

부록

중국어 발음 코너 및 복습의 정답과 본문 해석을 수록했습니다.

워크북

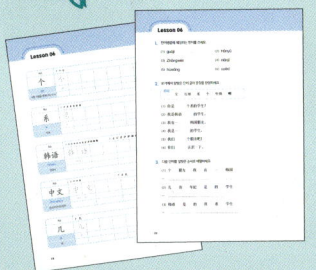

간체자 쓰기와 연습 문제를 통해
각 과의 학습 내용을 정리할 수 있습니다.

일러두기

MP3 트랙

본책	· 오리엔테이션 🎧 00-01 ~ 00-23
	· Lesson 01 ~ Lesson 12 🎧 01-01 ~ 12-08

MP3 Track 번호 설명 예시

단어의 품사 약어

명사	명	수사	수	접속사	접
동사	동	양사	양	감탄사	감
형용사	형	개사	개	대명사	대
부사	부	조동사	조동	조사	조
고유명사	고유				

배경 및 등장인물

한국의 한 대학교에서 중국 유학생들과 한국 학생들이 생활하는 모습을 본문 회화에 담았습니다.

정미영
郑美英 Zhèng Měiyīng
한국인, 중문과 1학년

왕동동
王冬冬 Wáng Dōngdōng
중국인, 한국어과 1학년

김대한
金大韩 Jīn Dàhán
한국인, 중문과 1학년

시진밍
习近明 Xí Jìnmíng
중국인, 무역학과 1학년

오리엔테이션

중국어 기본 상식

중국어 발음

교실 중국어

중국어 기본 상식

1. 중국어는?

우리는 일반적으로 중국 사람들이 쓰는 말을 중국어라고 하는데, 중국에서는 이를 한어(汉语 Hànyǔ)라고 한다. 다시 말해, 중국은 한족(汉族 Hànzǔ)과 55개 소수 민족으로 이루어져 있는데 한족들이 쓰는 언어가 바로 한어이며, 한어의 표준어를 보통화(普通话 pǔtōnghuà)라 한다. 보통화는 북경 토음을 배제한 북경어음을 표준 어음으로 하고, 북방 방언의 어휘를 기본 어휘로 삼으며, 모범적인 현대 문학 작품에 쓰인 어법을 규범적인 어법 규칙으로 한다. 대만에서는 표준어를 국어(国语 guóyǔ)라고 하고, 동남아나 싱가포르, 말레이시아 등 지역에서 쓰이는 중국어는 화어(华语 Huáyǔ)라고 한다.

2. 간체자는?

중국어를 배울 때 대부분의 사람은 한자의 복잡함에 가장 어려움을 느낀다. 중국에서는 이러한 한자의 복잡함을 간략화하는 작업을 시행했는데 이것이 바로 간체자(简体字 jiǎntǐzì)이다. 중국은 한자 필획의 간략화와 자수의 축소방안을 연구하여 1964년에 《简化字总表》를 발표하였다. 《简化字总表》에는 17,005개의 번체자(繁体字 fántǐzì)를 간략화한 2,238개의 간체자가 수록되어 있다. 우리나라나 대만, 홍콩 등에서는 번체자를 사용하고 있다.

3. 한어병음은?

한자는 표의문자로 그 자체로는 발음을 표시할 수 없기 때문에 중국은 라틴어자모를 이용한 《汉语拼音方案》을 만들어 한자의 발음을 표기하고 있다. 한어병음자모(汉语拼音字母 Hànyǔ pīnyīn zìmǔ)는 라틴어자모를 사용하고 있지만 영어의 발음과는 동일하지 않다. 중국어의 음절은 성모(声母 shēngmǔ), 운모(韵母 yùnmǔ), 성조(声调 shēngdiào)로 구성된다.

① 성모 : 중국어 음절의 첫소리에 오는 자음을 말한다.
② 운모 : 성모를 제외한 나머지 부분이다.
③ 성조 : 음의 높낮이를 가리킨다.

★ 한어병음 표기법

(1) 문장의 첫 머리 병음은 대문자로 표기한다.
　　예) 你好！ Nǐ hǎo! 안녕하세요!　　　早上好！ Zǎoshang hǎo! 안녕하세요! [아침 인사]

(2) 국가명, 도시명 등 고유명사 첫 머리 병음은 대문자로 표기한다.
　　예) 韩国 Hánguó 한국　　　中国 Zhōngguó 중국

(3) 인명의 성과 이름 첫 글자의 병음은 대문자로 표기한다.
　　예) 李明 Lǐ Míng 리밍　　　张在民 Zhāng Zàimín 장재민

(4) 다른 음절 뒤에 'a, o, e'로 시작하는 음절이 오면 음절 간의 경계가 불분명하게 될 수 있다.
　　이 경우에 격음부호(')를 사용하여 음절 간의 경계를 분명하게 한다.
　　예) 天安门 Tiān'ānmén　　西安 Xī'ān　　首尔 Shǒu'ěr

4. 중국어의 문장 구조는?

중국어는 고립어로 단어 형태 변화가 없어서 어순에 의해 어법적 관계가 표현되는 언어이다. 그렇기 때문에 어순이 어법적 관계를 설명하는 중요한 역할을 한다. 이와 같이 단어의 위치가 바뀌면 주어와 목적어의 관계도 바뀌게 된다.

주어	술어	목적어	
我	爱	你。	나는 너를 사랑해.
你	爱	我。	너는 나를 사랑해.

중국어의 문장 성분은 아래와 같다.

주어	부사어	술어	보어	목적어	어기조사	
我		吃。				나는 먹는다.
我		吃		饭。		나는 밥을 먹는다.
我	现在	吃		饭。		나는 지금 밥을 먹는다.
我	刚才	吃	完	饭	了。	나는 방금 밥을 다 먹었다.

# 중국어 발음

1. 성모 🎧 00-01

쌍순음 : 두 입술을 사용하여 내는 발음이다.

b (o)	두 입술을 붙였다가 떼면서 내는 음이다. 발음할 때 공기가 입 밖으로 나오지 않는다. 우리말의 'ㅃ'에 해당한다.
p (o)	두 입술을 붙였다가 떼면서 내는 음이다. 발음할 때 공기가 입 밖으로 강하게 나온다. 우리말의 'ㅍ'에 해당한다.
m (o)	코로 공기를 내뿜으며 두 입술을 가볍게 떼면서 내는 음이다. 우리말의 'ㅁ'에 해당한다.

순치음 : 윗니를 아랫입술에 댄 상태에서 나는 발음이다.

f (o)	윗니를 아래 입술에 가볍게 대고 그 틈으로 공기를 마찰시켜 내는 음이다. 영어의 'f'에 해당한다.

설첨음 : 혀의 앞쪽 끝부분이 윗니 뒤쪽의 입천장에 붙었다가 떨어지면서 나는 발음이다.

d (e)	혀끝을 입천장의 윗잇몸에 가볍게 붙였다가 떼면서 내는 음이다. 우리말의 'ㄸ'에 해당한다.
t (e)	'd'를 발음할 때와 동일한 상태에서 공기를 강하게 내뿜는다. 우리말의 'ㅌ'에 해당한다.
n (e)	혀의 가장자리 전체를 입천장의 윗잇몸에 강하게 밀착한 상태에서 공기가 코로 나오면서 나는 음이다. 우리말의 'ㄴ'에 해당한다.
l (e)	혀끝을 세워 윗잇몸에 붙인 상태에서 공기가 혀의 양옆으로 빠져나가면서 나는 음이다. 우리말의 'ㄹ'에 해당한다.

설근음 : 목구멍 바로 아래의 혀, 즉 혀뿌리에서 나는 발음이다.

g (e)	혀뿌리를 들어 올려 여린입천장에 댔다 떼면서 내는 음이다. 우리말 'ㄲ'에 해당한다.
k (e)	'g'를 발음할 때와 동일한 상태에서 공기를 입 밖으로 강하게 내뿜는다. 우리말 'ㅋ'에 해당한다.
h (e)	혀뿌리를 여린입천장 가까이에 대고 그 틈으로 공기를 마찰시켜 내는 음이다. 우리말 '흐느끼다'의 'ㅎ'에 가깝다.

설면음 : 혀를 편하게 편 상태에서 혀의 중간 부분에서 나는 발음이다.

j (i)	혀끝이 아랫니 뒤쪽에 가볍게 대고 있는 상태에서 혀의 앞면을 입천장에 가볍게 대었다가 떼면서 내는 음이다. 우리말 'ㅈ'에 해당한다.
q (i)	'j'를 발음할 때와 동일한 상태에서 공기를 입 밖으로 강하게 내뿜는다. 우리말의 'ㅊ'에 해당한다.
x (i)	'j'를 발음할 때와 동일한 상태에서 혀를 입천장에서 약간만 떼어 아주 좁은 공간을 만든 다음 그 공간으로 공기를 마찰시켜 내는 음이다. 우리말의 'ㅅ'에 해당한다.

설첨후음 : 혀끝의 뒷부분에서 나는 발음이다.

zh (-i)	혀를 수저 모양으로 말아 올리고, 혀의 가장자리 전체를 윗잇몸의 안쪽 입천장에 밀착시킨 상태에서 나오는 음이다.
ch (-i)	'zh'를 발음할 때와 동일한 상태에서 공기를 입 밖으로 강하게 내뿜는다.
sh (-i)	'zh'를 발음할 때와 동일한 상태에서 혀의 끝부분을 약간 떼고 그 틈으로 공기를 마찰시켜 나는 음이다.
r (-i)	'sh'를 발음할 때와 동일한 상태에서 성대를 울려서 나는 음이다.

설치음 : 윗니와 아랫니를 나란히 세우고, 혀의 끝을 윗니와 아랫니의 중간에 댔다가 떼거나, 윗니와 아랫니의 중간 부분에 접근시켜서 내는 발음이다.

z (-i)	윗니와 아랫니를 일직선이 되게 붙이고, 혀끝을 윗니와 아랫니가 맞닿은 부분에 댔다가 떼면서 내는 음이다. 우리말의 'ㅉ'를 강하게 발음할 때 나오는 음이다. 발음할 때 혀끝에는 약간 힘이 들어가 있어야 한다.
c (-i)	'z'를 발음할 때와 동일한 상태에서 공기를 입 밖으로 강하게 내뿜는다. 우리말 'ㅊ'를 강하게 발음할 때 나오는 음이다. 혀에는 약간 힘이 들어가 있어야 한다.
s (-i)	'z'를 발음하는 상태에서 혀를 안쪽으로 약간 당기면, 이와 혀 사이에 아주 좁은 공간이 생기는데, 그 공간으로 공기를 강하게 뿜어내면서 나는 음이다. 우리말 'ㅆ'를 강하게 발음할 때 나오는 음이다. 혀에는 약간 힘이 들어가 있어야 한다.

2. 단운모 : 운모가 한 개인 경우 🎧 00-02

a	혀를 입 바닥으로 내리고 양턱을 크게 벌리면서 우리말의 '아' 음을 낸다.
o	입술을 둥글게 만들고 혀를 약간 올린 상태에서 우리말의 '오'와 '어'의 중간음을 낸다.
e	우리말의 '어'와 비슷하나 혀를 좀 더 뒤로 끌어당긴 채 뒤쪽으로부터 긴장시켜 소리 낸다.
i★	혀의 앞부분을 굳은 입천장에 가깝게 올리고, 입은 양옆으로 벌린 상태에서 우리말의 '이' 음을 낸다.
u★	입술을 둥글게 오므려 앞으로 내밀고, 혀뿌리는 여린입천장에 가깝게 한 상태에서 우리말 '우' 음을 낸다.
ü★/★★	혀의 앞부분을 굳은 입천장에 가깝게 올리고, 입술을 오므려 앞으로 내민 상태에서 우리말 '위' 음을 낸다. 발음할 때 입모양이나 혀의 위치가 처음부터 끝까지 변하지 않도록 한다.

★ i, u, ü가 성모 없이 단독으로 한 음절이 될 때, 각각 yi, wu, yu로 표기한다.
★★ ü가 성모 j, q, x와 결합하면 ü를 u로 표기하지만 발음은 그대로 ü로 한다.

발음연습

1. 녹음을 듣고 따라 읽어 보세요. 🎧 00-03

① ba   fo   de   ji   zu   ju
② re   yu   zhi   sha   ti   bu
③ xi   mo   chu   pa   nü   ke

성모와 운모 결합표

	a	o	e	i	-i	u	ü
				yi		wu	yu
b	ba	bo		bi		bu	
p	pa	po		pi		pu	
m	ma	mo	me	mi		mu	
f	fa	fo				fu	
d	da		de	di		du	
t	ta		te	ti		tu	
n	na		ne	ni		nu	nü
l	la		le	li		lu	lü
g	ga		ge			gu	
k	ka		ke			ku	
h	ha		he			hu	
j				ji			ju
q				qi			qu
x				xi			xu
zh	zha		zhe		zhi	zhu	
ch	cha		che		chi	chu	
sh	sha		she		shi	shu	
r			re		ri	ru	
z	za		ze		zi	zu	
c	ca		ce		ci	cu	
s	sa		se		si	su	

2. 녹음을 듣고 빈칸에 알맞은 성모나 운모를 써 보세요. 🎧 00-04

① b_____   _____a   h_____   _____u   ch_____
② _____i   _____u   _____u   q_____   _____sh
③ c_____   _____sh   _____ch   m_____   _____x

3. 복운모 : 운모가 두세 개인 경우

(1) a, e, o로 시작되는 경우   🎧 00-05

ai	'아'를 강하고 길게 발음하다 끝에 '이'의 입모양으로 가볍게 오므린다. 아─이–
ei	'에'를 강하고 길게 발음하다 끝에 '이'의 입모양으로 가볍게 오므린다. 에─이–
ao	'아'를 강하고 길게 발음하다 끝에 '오(우)'의 입모양으로 가볍게 오므린다. 아─오(우)–
ou	입술을 둥글게 하여 '어'를 길게 발음하다 끝에 '우'의 입모양으로 오므린다. 어─우–
an	'아' 발음을 내다가 우리말의 'ㄴ' 받침을 붙인다. 아–안–
en	'으어' 발음을 내다가 우리말의 'ㄴ' 받침을 붙인다. 어–언–
ang	'아' 발음을 내다가 우리말의 'ㅇ' 받침을 붙인다. 아–앙–
eng	'으어' 발음을 내다가 우리말의 'ㅇ' 받침을 붙인다. 어–엉–
ong	'오' 발음을 내다가 우리말의 'ㅇ' 받침을 붙인다. 오–옹–
er	'어' 발음을 내다가 혀끝을 굳은 입천장을 향해 말아 올리면서 우리말의 'ㄹ' 받침을 붙인다. 어–얼–

발음연습

1. 녹음을 듣고 따라 읽어 보세요. 🎧 00-06

① bai   pei   mao   fou   can
② gen   tang   heng   zhong rao
③ shang chou   sai   gang   dei

성모와 운모 결합표

	ai	ei	ao	ou	an	en	ang	eng	ong	er
b	bai	bei	bao		ban	ben	bang	beng		
p	pai	pei	pao	pou	pan	pen	pang	peng		
m	mai	mei	mao	mou	man	men	mang	meng		
f		fei		fou	fan	fen	fang	feng		
d	dai	dei	dao	dou	dan	den	dang	deng	dong	
t	tai		tao	tou	tan		tang	teng	tong	
n	nai	nei	nao	nou	nan	nen	nang	neng	nong	
l	lai	lei	lao	lou	lan		lang	leng	long	
g	gai	gei	gao	gou	gan	gen	gang	geng	gong	
k	kai	kei	kao	kou	kan	ken	kang	keng	kong	
h	hai	hei	hao	hou	han	hen	hang	heng	hong	
j										
q										
x										
zh	zhai	zhei	zhao	zhou	zhan	zhen	zhang	zheng	zhong	
ch	chai		chao	chou	chan	chen	chang	cheng	chong	
sh	shai	shei	shao	shou	shan	shen	shang	sheng		
r			rao	rou	ran	ren	rang	reng	rong	
z	zai	zei	zao	zou	zan	zen	zang	zeng	zong	
c	cai		cao	cou	can	cen	cang	ceng	cong	
s	sai		sao	sou	san	sen	sang	seng	song	

2. 녹음을 듣고 빈칸에 알맞은 성모나 운모를 써 보세요. 🎧 00-07

① s____   ____en   ____en   f____
② b____   m____   ____ei   ____eng   h____
③ sh____   ____ao   m____   ____n   ch____

(2) i로 시작되는 경우 🎧 00-08

i로 시작되는 음절에 성모가 없으면 i를 y로 바꾸거나 y를 더 부가한다.

ia	우리말의 '이아'와 발음이 비슷하나 '아'를 강하고 길게 발음한다. 이—야—
ie	우리말의 '이에'와 발음이 비슷하나 '에'를 강하고 길게 발음한다. 이—에—
iao	우리말의 '이아오'와 발음이 비슷하나 '아'를 강하고 길게 발음한다. 이아—오–
iou★	우리말의 '이여우'와 발음이 비슷하나 '여'를 강하고 길게 발음한다. 이여—우–
ian	우리말의 '이앤'과 같이 발음한다. 이–앤–
in	우리말의 '이인'과 같이 발음한다. 이–인–
iang	우리말의 '이앙'과 같이 발음한다. 이–앙–
ing	우리말의 '이잉'과 같이 발음한다. 이–잉–
iong	우리말의 '이용'과 같이 발음한다. 이–용–

★ iou 앞에 성모가 붙을 때는 -iu로 표기한다. 예) jiu

발음연습

1. 녹음을 듣고 따라 읽어 보세요. 🎧 00-09

① ya   mie   tiao   liu   xian
② qin   yang   jing   qiong   die
③ xie   jiang   mian   yong   ping

성모와 운모 결합표

	ia	ie	iao	iou (iu)	ian	in	iang	ing	iong
	ya	ye	yao	you	yan	yin	yang	ying	yong
b		bie	biao		bian	bin		bing	
p		pie	piao		pian	pin		ping	
m		mie	miao	miu	mian	min		ming	
f									
d	dia	die	diao	diu	dian			ding	
t		tie	tiao		tian			ting	
n		nie	niao	niu	nian	nin	niang	ning	
l	lia	lie	liao	liu	lian	lin	liang	ling	
g									
k									
h									
j	jia	jie	jiao	jiu	jian	jin	jiang	jing	jiong
q	qia	qie	qiao	qiu	qian	qin	qiang	qing	qiong
x	xia	xie	xiao	xiu	xian	xin	xiang	xing	xiong
zh									
ch									
sh									
r									
z									
c									
s									

2. 녹음을 듣고 빈칸에 알맞은 성모나 운모를 써 보세요. 🎧 00-10

① ___e   j___   j___   p___   ___iong
② y___   ___ia   d___   ___ian   ___ou
③ ___an   m___   d___   ___in   b___

(3) u와 ü로 시작되는 경우 🎧 00-11

u로 시작되는 음절에 성모가 없으면 u를 w로 바꾼다.

ua	우리말의 '와'와 같이 발음한다. (우-)와-
uo	우리말의 '워'와 같이 발음한다. (우-)워-
uai	우리말의 '와이'와 같이 발음한다. (우-)와이-
uei★	우리말의 '웨이'와 같이 발음한다. (우-)웨이-
uan	우리말의 '완'과 같이 발음한다. (우-)완-
uen★★	우리말의 '원'과 같이 발음한다. 자음이 있으면 우리말의 '운'에 가깝게 발음한다. (우-)원-
uang	우리말의 '왕'과 같이 발음한다. (우-)왕-
ueng	우리말의 '웡'과 같이 발음한다. (우-)웡-

★ uei 앞에 성모가 붙을 때는 -ui로 표기한다. 예) dui
★★ uen 앞에 성모가 붙을 때는 -un으로 표기한다. 예) dun

ü로 시작되는 음절에 성모가 없으면 ü를 yu로 바꾼다. ü가 j, q, x와 결합하면 ü를 u로 표기하지만 발음은 그대로 ü로 한다.

üe	우리말의 '위에'와 같이 발음한다. 위-에-
üan	우리말의 '위엔'과 같이 발음한다. 위-엔-
ün	우리말의 '윈'과 같이 발음한다. 위-인

발음연습

1. 녹음을 듣고 따라 읽어 보세요. 🎧 00-12

   ① gua   kuo   shuai   hui   ruan
   ② lun   guang   weng   xue   juan
   ③ qun   wo   lüe   chun   xu

성모와 운모 결합표

	ua	uo	uai	uei (ui)	uan	uen (un)	uang	ueng	üe	üan	ün
	wa	wo	wai	wei	wan	wen	wang	weng	yue	yuan	yun
b											
p											
m											
f											
d		duo		dui	duan	dun					
t		tuo		tui	tuan	tun					
n		nuo			nuan				nüe		
l		luo			luan	lun			lüe		
g	gua	guo	guai	gui	guan	gun	guang				
k	kua	kuo	kuai	kui	kuan	kun	kuang				
h	hua	huo	huai	hui	huan	hun	huang				
j									jue	juan	jun
q									que	quan	qun
x									xue	xuan	xun
zh	zhua	zhuo	zhuai	zhui	zhuan	zhun	zhuang				
ch	chua	chuo	chuai	chui	chuan	chun	chuang				
sh	shua	shuo	shuai	shui	shuan	shun	shuang				
r	rua	ruo		rui	ruan	run					
z		zuo		zui	zuan	zun					
c		cuo		cui	cuan	cun					
s		suo		sui	suan	sun					

2. 녹음을 듣고 빈칸에 알맞은 성모나 운모를 써 보세요. 🎧 00-13

① ___ua j___ ___uan x___ q___
② s___ ___ue q___ ___uo ___uang
③ h___ s___ n___ d___ l___

4. 성조 🎧 00-14

중국어는 제1성, 제2성, 제3성, 제4성과 음절 뒤에서 짧고 약하게 발음하는 경성이 있다.

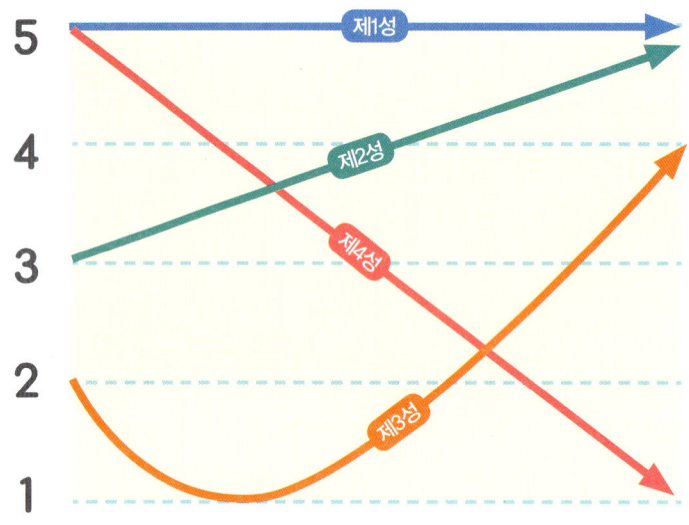

제1성	—	높고 평탄한 소리	예) mā 妈 엄마
제2성	／	밑에서 위로 빠르게 끌어올리는 소리	예) má 麻 삼베
제3성	∨	가장 낮은 음까지 내려갔다가 다시 위로 올라가는 소리	예) mǎ 马 말
제4성	＼	가장 높은 음에서 가장 낮은 음으로 빠르고 짧게 뚝 떨어지는 소리	예) mà 骂 꾸짖다
경성		가볍고 짧은 소리	예) ma 吗 어기조사

▶ 발음연습

1. 녹음을 듣고 성조에 유의하여 따라 읽어 보세요. 🎧 00-16

   ① tiān   yuán   biǎn   kè   ne
   ② bīng   guì   chuāng   zhuàn   gǒu
   ③ ér   chū   bó   kěn   yùn

경성은 가볍고 짧게 발음하며, 앞의 성조에 따라 음의 높낮이가 결정된다. 🎧 00-15

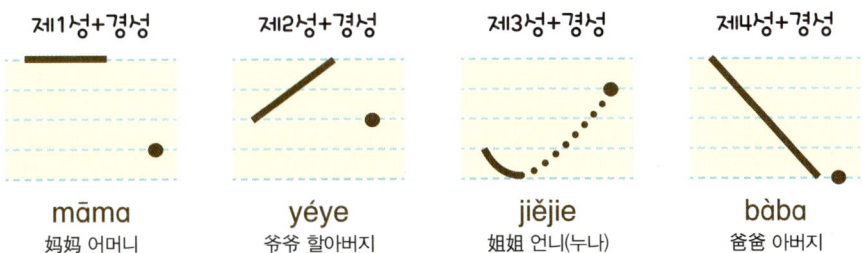

성조를 표시할 때 모음이 하나인 경우에는 그 위에 표시하고 두 개 이상인 경우에는 다음과 같은 순서로 표시한다.

$$a > o, \ e > i, \ u, \ ü$$

1) 'a'가 있으면 'a' 위에 표시한다.
   예) piāo   yuán   biǎn   zhuàn

2) 'a'가 없으면 'e'와 'o' 위에 표시한다.
   예) tiě   jué   tóu   shuō

3) 'i'와 'u'가 함께 있으면 뒤에 오는 모음 위에 표시한다.
   예) duī   zuì   diū   jiǔ

4) 'i' 위에 성조를 표시할 경우, 'i' 위의 점은 생략한다.
   예) bǐ   guì

---

2. 녹음을 듣고 일치하는 한어병음을 고르세요. 🎧 00-17

　① zhǐ zhí　　② tóu tōu　　③ shuō shuó
　④ qì　 qǐ 　　⑤ zuì zuǐ 　　⑥ lǔ　 lù
　⑦ diū diù　　⑧ xù 　xǔ 　　⑨ jiǔ　 jiù

5. 성조 변화 🎧 00-18

(1) 제3성의 성조 변화
제3성과 제3성이 연이어 나올 경우, 앞의 제3성은 제2성으로 발음한다.

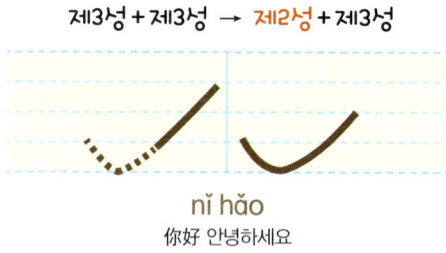

제3성이 단독으로 발음하거나 느리게 말할 때는 원래의 발음인 '2-1-4'로 발음하지만, 제3성 뒤에 제1성, 제2성, 제4성, 경성이 나올 경우에는 앞의 제3성을 반3성(半三聲)인 '2-1'로 발음한다. 반3성이란 제3성에서 음이 낮게 깔리고 끝부분이 올라가지 않는 것을 가리킨다.

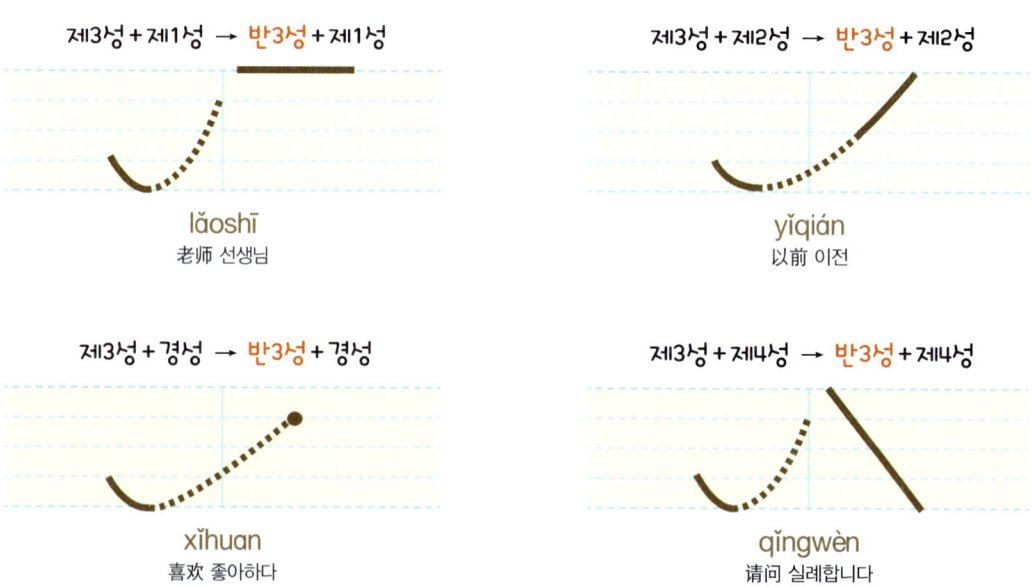

(2) 不의 성조 변화 🎧 00-19

不는 원래 제4성이지만 제4성이나 혹은 제4성이 경성으로 변한 한자 앞에서는 제2성으로 변한다.

제1성 앞에 놓인 경우: bù duō(不多)　제2성 앞에 놓인 경우: bù máng(不忙)
제3성 앞에 놓인 경우: bù kě(不可)　제4성 앞에 놓인 경우: bú duì(不对)/bú shì(不是)

不가 어휘 중간에 위치하면 경성으로 발음한다.
예) chà bu duō(差不多)　　　yòng bu zháo(用不着)
　　qù bu qù(去不去)　　　　xíng bu xíng(行不行)

(3) 一의 성조 변화 🎧 00-20

一는 서수나 날짜 또는 단독으로 읽을 때는 원래 성조인 제1성으로 발음하지만 제1성, 제2성, 제3성 앞에 놓일 경우에는 제4성으로 발음하고, 제4성 앞에 놓일 경우에는 제2성으로 발음한다.

제1성 앞에 놓인 경우: yìbān(一般)　제2성 앞에 놓인 경우: yìhuí(一回)
제3성 앞에 놓인 경우: yìqǐ(一起)　제4성 앞에 놓인 경우: yícì(一次)

* 不나 一가 성조 변화를 할 경우에는 바뀐 성조로 표기한다.

(4) 儿화 현상 🎧 00-21

儿화 현상은 운모 뒤에 儿 er 소리를 붙여 발음하는 것을 말한다. 단어 뒤에 儿이 붙으면 품사를 구별하는 기능과 낱말의 의미를 구별하는 기능을 한다. 이밖에 儿이 붙은 단어는 '작다', '사랑스럽다', '친절하다'는 어감을 갖기도 한다. 표기할 때는 er에서 e를 생략하고 r만 붙여 표기한다.

a, o, e, u 뒤에 儿이 올 경우 r만 붙여 발음한다.
예) 哪儿 nǎr　　　　　　这儿 zhèr

n, i 뒤에 儿이 올 경우 一点儿 yìdiǎnr, 小孩儿 xiǎoháir과 같이 표기하지만 발음 시에는 n 또는 i를 생략하고 r을 붙여 발음한다.
예) 一点儿 yìdiǎnr　　　　小孩儿 xiǎoháir

교실 중국어

 선생님

수업 시작하겠습니다.
现在(开始)上课。
Xiànzài kāishǐ shàngkè.

이름을 부르겠습니다.
我点一下名。
Wǒ diǎn yíxià míng.

책을 펴세요.
请打开书。
Qǐng dǎkāi shū.

책 15쪽을 펴세요.
请打开第(十五)页。
Qǐng dǎkāi dì (shíwǔ) yè.

따라 읽으세요.
请跟我读。
Qǐng gēn wǒ dú.

알아들었나요?
听懂了吗?
Tīng dǒng le ma?

큰 소리로 해 보세요.
请大声点儿。
Qǐng dàshēng diǎnr.

중국어로 해 보세요.
请用汉语说。
Qǐng yòng Hànyǔ shuō.

오늘은 여기까지 하겠습니다.
今天就讲到这儿。
Jīntiān jiù jiǎng dào zhèr.

여러분, 수고하셨습니다.
大家辛苦了。
Dàjiā xīnkǔ le.

수업을 마치겠습니다.
现在下课。
Xiànzài xiàkè.

 학생

죄송합니다. 늦었습니다.
对不起,我迟到了。
Duìbuqǐ, wǒ chídào le.

네.(출석했습니다)
到。
Dào.

선생님, 그(그녀)는 오늘 아파서 수업에 못 옵니다.
老师,他(她)生病了,
Lǎoshī, tā(tā) shēngbìng le,

不能来上课了。
bù néng lái shàngkè le.

다시 한 번 말해 주세요.
请再说一遍。
Qǐng zài shuō yí biàn.

이 글자는 무슨 뜻인가요?
这个词是什么意思?
Zhège cí shì shénme yìsi?

이해했습니다.
听懂了。
Tīng dǒng le.

다음 주에 뵙겠습니다.
下周见!
Xiàzhōu jiàn!

천천히 말해 주세요.
请慢点儿说。
Qǐng màndiǎnr shuō.

크게 말해 주세요.
请您声音大一点儿。
Qǐng nín shēngyīn dà yìdiǎnr.

잘 못 들었습니다.
没听清。
Méi tīng qīng.

Lesson 01

你好!
Nǐ hǎo!

안녕하세요!

학습 목표	만날 때 인사하기
학습 내용	인칭대명사
	중국의 인사말

◉ 이번 과의 핵심 문장과 새 단어를 미리 학습해 보세요.

단어 🎧 01-01

- □ 你 nǐ 때 너, 자네, 당신
- □ 好 hǎo 형 좋다, 훌륭하다, 만족하다
- □ 老师 lǎoshī 명 선생님, 스승
- □ 你们 nǐmen 때 너희들, 당신들, 자네들
- □ 早 zǎo 형 안녕하세요
- □ 早上 zǎoshang 형 아침

▶ 교체연습

- □ 您 nín 때 당신, 선생님, 귀하
- □ 同学们 tóngxuémen 명 학우들
- □ 中午 zhōngwǔ 명 정오
- □ 下午 xiàwǔ 명 오후
- □ 晚上 wǎnshang 명 저녁

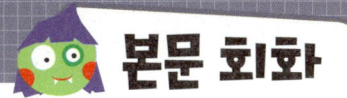
본문 회화

회화1 ▶ 진밍과 미영이 서로 인사한다. 🎧 01-02

시진밍 你①好!
　　　　Nǐ hǎo!

정미영 你好!
　　　　Nǐ hǎo!

교체연습
① ▶ 您 nín
　 ▶ 同学们 tóngxuémen
　 ▶ 老师们 lǎoshīmen
② ▶ 中午 zhōngwǔ
　 ▶ 下午 xiàwǔ
　 ▶ 晚上 wǎnshang

▶ 진밍과 미영이 장 선생님께 인사한다.

시진밍
정미영 老师好!
　　　　Lǎoshī hǎo!

장 선생님 你们好!
　　　　　Nǐmen hǎo!

▶ 진밍과 미영이 아침에 만나 인사한다.

시진밍 早!
　　　　Zǎo!

정미영 早上②好!
　　　　Zǎoshang hǎo!

1. 인칭대명사

사람을 대신해서 지칭하는 명사를 '인칭대명사'라고 한다.

	단수		복수	
1인칭	我 wǒ	나, 저	我们 wǒmen	우리, 우리들
2인칭	你/您 nǐ/nín	너, 당신	你们 nǐmen	너희들, 당신들
3인칭	他 tā	그, 그 사람	他们 tāmen	그들, 그 사람들(남, 여)
	她 tā	그녀	她们 tāmen	그녀들
	它 tā	그것(사물, 동물)	它们 tāmen	그것들

2. 중국의 인사말

중국에서 你好!는 일상적인 인사말이다. 老师好!와 같이 好 앞에 상대방을 부르는 호칭을 붙여서 말하기도 한다. 영어의 "Hello!"를 중국식 발음으로 哈罗! Hāluó!라고 인사를 하는 사람도 많아졌다.

아침 인사는 早! Zǎo!, 早上好! Zǎoshang hǎo!, 早安! Zǎo'ān!이라고 하며, 오전은 上午好! Shàngwǔ hǎo!, 점심은 中午好! Zhōngwǔ hǎo!, 오후는 下午好! Xiàwǔ hǎo!, 저녁 인사로는 晚上好! Wǎnshang hǎo!가 있다.

저녁에 자기 전 "잘 자!"라는 인사는 晚安! Wǎn'ān!이라고 표현한다.

회화 확장하기

◉ 질문에 스스로 답해 보고, 바꿔서 말해 보세요.

▸ 你好!
Nǐ hǎo!

▸ 您好!
Nín hǎo!

▸ 晚上好!
Wǎnshang hǎo!

▸ 你们好!
Nǐmen hǎo!

▸ 同学们好!
Tóngxuémen hǎo!

▸ 王老师好!
Wáng lǎoshī hǎo!

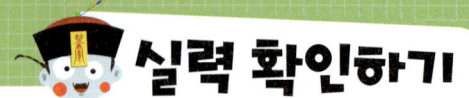 **실력 확인하기**

◉ 다음 한국어 문장을 보고 중국어로 말해 보세요.

1. 안녕!
   안녕!

2. 선생님, 안녕하세요!
   여러분, 안녕!

3. 안녕! [아침 인사]
   안녕! [아침 인사]

4. 잘 자!

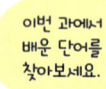
이번 과에서 배운 단어를 찾아보세요.

记住"两个秘诀"。
Jìzhù "liǎng ge mìjué".

一个是健康的秘诀在早上，一个是成功的秘诀在晚上。
Yí ge shì jiànkāng de mìjué zài zǎoshang, yí ge shì chénggōng de mìjué zài wǎnshang.

"두 가지 비결"을 기억하라.
건강의 비결은 아침에 있고, 성공의 비결은 저녁에 있다.

谢谢!
Xièxie!

감사합니다!

학습 목표 감사 및 사과 표현하기
헤어질 때 인사하기

학습 내용 감사 표현
사과 표현
헤어질 때 인사 표현

 준비하기

▶ 이번 과의 핵심 문장과 새 단어를 미리 학습해 보세요.

 회화1

고마워!

不客气!
Bú kèqi!

단어  02-01

- 谢谢 xièxie 동 감사합니다, 고맙습니다
- 不客气 bú kèqi 천만에요, 별말씀을요
- 对不起 duìbuqǐ 동 미안합니다, 죄송합니다
- 没关系 méi guānxi 괜찮다, 상관없다, 문제없다
- 再见 zàijiàn 동 잘 가, 또 봐, 안녕히 가세요, 안녕히 계세요
- 明天 míngtiān 명 내일
- 见 jiàn 동 만나다, 마주치다, 보이다

▶ 교체연습

- 后天 hòutiān 명 모레
- 下周 xiàzhōu 명 다음 주

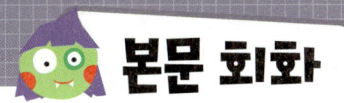

본문 회화

회화1 ▶ 미영이 진밍에게 감사 인사를 한다. 🎧 02-02

교체연습
① ▶ 晚上 wǎnshang ▶ 后天 hòutiān ▶ 下周 xiàzhōu

정미영　谢谢!
　　　　Xièxie!

시진밍　不客气!
　　　　Bú kèqi!

▶ 미영이 진밍에게 사과한다.

정미영　对不起!
　　　　Duìbuqǐ!

시진밍　没关系!
　　　　Méi guānxi!

▶ 진밍과 미영이 작별 인사를 한다.

시진밍　再见!
　　　　Zàijiàn!

정미영　明天① 见!
　　　　Míngtiān jiàn!

본문 정리하기

1. 감사 표현

'谢谢+감사의 대상'으로 말할 수 있다. 감사 표현에 대한 대답은 다음과 같다.

不客气! 천만에요!　　　　　不谢! 별말씀을요!　　　　　不用谢! 감사할 것 없어요!
Bú kèqi!　　　　　　　　　Bú xiè!　　　　　　　　　Búyòng xiè!

2. 사과 표현

'미안합니다'라는 표현은 '对不起+미안함의 대상'으로 말할 수 있다. 이외에도 不好意思 bù hǎoyìsi라고도 할 수 있다. 이러한 사과 표현에 대한 대답은 다음과 같다.

没关系。괜찮습니다.　　　　没事。괜찮습니다.　　　　　没什么。괜찮습니다.
Méi guānxi.　　　　　　　Méi shì.　　　　　　　　　Méi shénme.

3. 헤어질 때 인사 표현

再见!은 한국어의 '잘 가'에 해당하는 작별 인사이다. 见은 '보다', '만나다'의 뜻을 가지고 있지만, 반드시 얼굴을 직접 마주하여 보는 것을 말하는 것은 아니다. 전화를 끊을 때나 언제 만날지 모르는 경우의 작별 인사에서도 쓰인다. 再见 또는 见 앞에 만날 시간 또는 장소를 넣어 표현하기도 한다.

시간/장소 + (再)见

明天再见! 내일 만나!　　　　　　　　　学校见! 학교에서 만나!
Míngtiān zàijiàn!　　　　　　　　　　Xuéxiào jiàn!

 ▶ 시간과 관련된 어휘

- ☐ 大前天 dàqiántiān 그끄저께
- ☐ 前天 qiántiān 그저께
- ☐ 昨天 zuótiān 어제
- ☐ 明天 míngtiān 내일
- ☐ 后天 hòutiān 모레
- ☐ 大后天 dàhòutiān 글피

회화 확장하기

➡ 질문에 스스로 답해 보고, 바꿔서 말해 보세요.

1 🎧 02-03

A 谢谢!
Xièxie!

B

▸ 不客气!
Bú kèqi!

▸ 不谢!
Bú xiè!

▸ 不用谢!
Búyòng xiè!

2 🎧 02-04

A 对不起!
Duìbuqǐ!

B

▸ 没关系!
Méi guānxi!

▸ 没事。
Méi shì.

▸ 没什么。
Méi shénme.

실력 확인하기

🔵 다음 한국어 문장을 보고 중국어로 말해 보세요.

1. 고마워!
   너에게 고마워!
   선생님 감사합니다!

2. 천만에!
   별말씀을!
   괜찮아!

3. 미안해!
   얘들아 미안해.
   선생님 죄송합니다.

4. 잘 가!
   내일 봐!

我们总是对陌生人太客气，
Wǒmen zǒngshì duì mòshēngrén tài kèqi,

而对亲密的人太苛刻。
ér duì qīnmì de rén tài kēkè.

우리는 종종 낯선 사람에게는 친절하지만,
친한 사람들에게는 오히려 인색하다.

你是学生吗?
Nǐ shì xuésheng ma?

당신은 학생입니까?

학습 목표 신분 묻고 답하기

학습 내용 是자문
부사 也와 都
어기조사 吗 의문문

 준비하기

◐ 이번 과의 핵심 문장과 새 단어를 미리 학습해 보세요.

회화1

단어

- 是 shì 동 ~이다
- 学生 xuésheng 명 학생
- 吗 ma 조 문장 끝에 쓰여 의문의 어기를 표시
- 我 wǒ 대 나, 저
- 他 tā 대 그, 그 사람, 그이
- 也 yě 부 ~도

▶ 교체연습
- 小学生 xiǎoxuéshēng 명 초등학생
- 大学生 dàxuéshēng 명 대학생
- 教授 jiàoshòu 명 교수

- 中国 Zhōngguó [고유] 중국
- 留学生 liúxuéshēng [명] 유학생
- 我们 wǒmen [대] 우리(들)
- 不 bù [부] 동사나 형용사 앞에서 부정을 표시
- 韩国 Hánguó [고유] 한국
- 他们 tāmen [대] 그들, 그 사람들, 저 사람들
- 都 dōu [부] 모두, 다, 전부

▶ 교체연습

- 研究生 yánjiūshēng [명] 대학원생
- 职员 zhíyuán [명] 직원
- 美国 Měiguó [고유] 미국

본문 회화

회화1 ▶ 대한이 동동에게 학생인지 물어본다. 🎧 03-03

김대한   你好! 你是学生吗?
　　　　Nǐ hǎo! Nǐ shì xuésheng ma?

왕동동   是，我是学生①。
　　　　Shì, wǒ shì xuésheng.

김대한   他也是学生吗?
　　　　Tā yě shì xuésheng ma?

왕동동   是，他也是学生。
　　　　Shì, tā yě shì xuésheng.

교체연습

① ▶ 小学生
　　xiǎoxuéshēng

▶ 大学生
　dàxuéshēng

▶ 教授
　jiàoshòu

 회화2 ▶ 동동이 대한과 그의 친구들이 중국 유학생인지 물어본다.

왕동동　你们是中国留学生①吗?
　　　　Nǐmen shì Zhōngguó liúxuéshēng ma?

김대한　我们不是中国留学生，
　　　　Wǒmen bú shì Zhōngguó liúxuéshēng,
　　　　是韩国学生。
　　　　shì Hánguó xuésheng.

왕동동　他们也都是韩国学生吗?
　　　　Tāmen yě dōu shì Hánguó xuésheng ma?

김대한　不是，他们都是中国留学生。
　　　　Bú shì, tāmen dōu shì Zhōngguó liúxuéshēng.

교체연습
① ▶ 研究生
　　　yánjiūshēng
　▶ 职员
　　　zhíyuán
　▶ 美国学生
　　　Měiguó xuésheng

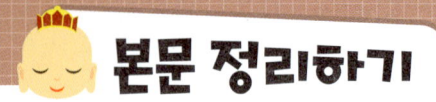 **본문 정리하기**

1. 是자문

동사 是로 이루어진 문장을 是자문이라 한다. 대체로 A 是 B의 형식으로, 'A는 B이다'라는 판단의 의미를 나타낸다.

예) 我是学生。 나는 학생이다.
Wǒ shì xuésheng.

他是韩国学生。 그는 한국 학생이다.
Tā shì Hánguó xuésheng.

부정형은 동사 是 앞에 不를 첨가한 A 不是 B의 형식이며, 'A는 B가 아니다'라는 의미를 나타낸다.

예) 我不是学生。 나는 학생이 아니다.
Wǒ bú shì xuésheng.

他不是韩国学生。 그는 한국 학생이 아니다.
Tā bú shì Hánguó xuésheng.

2. 부사 也와 都

也는 '~도', '역시'라는 뜻이고, 都는 '모두'의 뜻을 가지고 있다. 也와 都는 부사이며 두 개 다 사용될 경우 술어 앞에서 也都의 순서로 쓰인다.

예) 他也是学生。 그도 학생이다.
Tā yě shì xuésheng.

他们都是中国留学生。 그들 모두 중국 유학생이다.
Tāmen dōu shì Zhōngguó liúxuéshēng.

他们也都是韩国学生吗？ 그들도 모두 한국 학생이니?
Tāmen yě dōu shì Hánguó xuésheng ma?

3. 어기조사 吗 의문문

평서문 뒤에 吗를 부가하면 의문문이 된다.

예)
他是学生。
Tā shì xuésheng.
그는 학생이다.

→ 他是学生吗?
Tā shì xuésheng ma?
그는 학생이니?

他们都是中国留学生。
Tāmen dōu shì Zhōngguó liúxuéshēng.
그들은 모두 중국 유학생이다.

→ 他们都是中国留学生吗?
Tāmen dōu shì Zhōngguó liúxuéshēng ma?
그들은 모두 중국 유학생이니?

어휘 더하기 ▶ 학교와 관련된 어휘

- ☐ 初中生 chūzhōngshēng 중학생
- ☐ 高中生 gāozhōngshēng 고등학생
- ☐ 同学 tóngxué 학우
- ☐ 学长 xuézhǎng 선배
- ☐ 同屋 tóngwū 룸메이트
- ☐ 硕士 shuòshì 석사
- ☐ 博士 bóshì 박사
- ☐ 学弟(妹) xuédì(mèi) 남자(여자) 후배
- ☐ 男生 nánshēng 남학생
- ☐ 女生 nǚshēng 여학생

회화 확장하기

▶ 질문에 스스로 답해 보고, 바꿔서 말해 보세요.

1 🎧 03-05

A 你好! 你是学生吗?
　Nǐ hǎo! Nǐ shì xuésheng ma?

B

▸ 是，我是学生。
　Shì, wǒ shì xuésheng.

▸ 不是，我不是学生。
　Bú shì, wǒ bú shì xuésheng.

▸ 不是，我是老师。
　Bú shì, wǒ shì lǎoshī.

2 🎧 03-06

A 他也是学生吗?
　Tā yě shì xuésheng ma?

B

▸ 是，他也是学生。
　Shì, tā yě shì xuésheng.

▸ 不是，他是老师。
　Bú shì, tā shì lǎoshī.

▸ 不是，他不是学生。
　Bú shì, tā bú shì xuésheng.

3 🎧 03-07

A 你们是中国留学生吗?
Nǐmen shì Zhōngguó liúxuéshēng ma?

B

▸ 我们不是中国留学生，是韩国学生。
　Wǒmen bú shì Zhōngguó liúxuéshēng, shì Hánguó xuésheng.

▸ 是，我们都是中国留学生。
　Shì, wǒmen dōu shì Zhōngguó liúxuéshēng.

▸ 不是，我们不是中国留学生。
　Bú shì, wǒmen bú shì Zhōngguó liúxuéshēng.

4 🎧 03-08

A 他们也都是韩国学生吗?
Tāmen yě dōu shì Hánguó xuésheng ma?

B

▸ 不是，他们都是中国留学生。
　Bú shì, tāmen dōu shì Zhōngguó liúxuéshēng.

▸ 是，他们也都是韩国学生。
　Shì, tāmen yě dōu shì Hánguó xuésheng.

▸ 不是，他们不是韩国学生。
　Bú shì, tāmen bú shì Hánguó xuésheng.

실력 확인하기

🔸 다음 한국어 문장을 보고 중국어로 말해 보세요.

1. 그는 학생입니다.
   그는 학생이 아닙니다.
   그도 학생입니까?
   그도 학생입니다.

2. 그들은 선생님입니다.
   그들은 모두 선생님입니다.
   그들도 모두 선생님입니까?
   그들은 모두 선생님이 아닙니다.

3. 저는 중국 유학생입니다.
   저는 중국 유학생이 아닙니다.
   저도 중국 유학생입니다.
   당신도 중국 유학생입니까?

4. 우리는 한국 학생입니다.
   우리는 한국 학생이 아닙니다.
   그들도 한국 학생입니다.
   그들도 모두 한국 학생입니다.

이번 과에서 배운 단어를 찾아보세요.

成功的真正秘诀是兴趣。
Chénggōng de zhēnzhèng mìjué shì xìngqù.

성공의 진정한 비결은 흥미이다.

Lesson 04

你是中国人吗?
Nǐ shì Zhōngguórén ma?

당신은 중국인입니까?

학습 목표 국적과 이름 묻고 답하기

학습 내용 동사술어문
특수의문문
이름을 묻는 표현

 준비하기

◎ 이번 과의 핵심 문장과 새 단어를 미리 학습해 보세요.

회화1

你是中国人吗?
Nǐ shì Zhōngguórén ma?

저는 중국인이 아니고, 한국인이에요.

단어  04-01

☐ 人 rén 몡 사람

☐ 朋友 péngyou 몡 친구

▸ **교체연습**

☐ 美国人 Měiguórén 몡 미국인

☐ 泰国人 Tàiguórén 몡 태국인

☐ 英国人 Yīngguórén 몡 영국인

50

단어

- 日本 Rìběn 고유 일본
- 那么 nàme 접 그러면, 그렇다면
- 哪 nǎ 대 어느, 어떤, 어느 것
- 叫 jiào 동 ~라 부르다
- 什么 shénme 형 무슨, 어떤 대 무엇
- 名字 míngzi 명 이름, 성명
- 郑美英 Zhèng Měiyīng 고유 정미영
- 王冬冬 Wáng Dōngdōng 고유 왕동동

▶ 교체연습
- 冰冰 Bīngbīng 고유 빙빙
- 习近明 Xí Jìnmíng 고유 시진밍
- 张在民 Zhāng Zàimín 고유 장재민

본문 회화

회화1 ▶ 진밍이 대한의 국적을 묻는다. 🎧 04-03

시진밍　你是中国人吗?
　　　　Nǐ shì Zhōngguórén ma?

김대한　我不是中国人，是<mark>韩国人</mark>①。
　　　　Wǒ bú shì Zhōngguórén, shì Hánguórén.

시진밍　你朋友也是韩国人吗?
　　　　Nǐ péngyou yě shì Hánguórén ma?

김대한　我朋友不是韩国人，是中国人。
　　　　Wǒ péngyou bú shì Hánguórén, shì Zhōngguórén.

교체연습

① ▶ 美国人　Měiguórén
　▶ 泰国人　Tàiguórén
　▶ 英国人　Yīngguórén

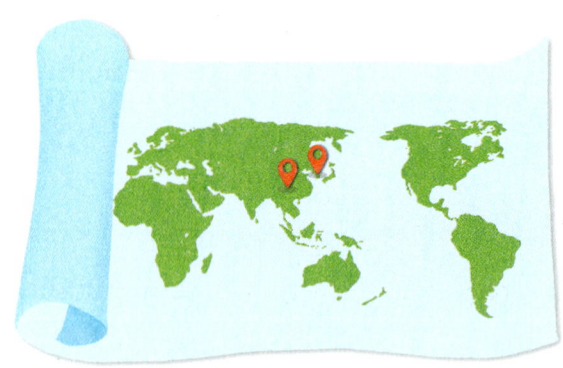

회화2 ▶ 동동이 미영의 국적과 이름을 묻는다. 🎧 04-04

교체연습
① ▶ 冰冰 Bīngbīng
▶ 习近明 Xí Jìnmíng
▶ 张在民 Zhāng Zàimín

왕동동　你好! 你是日本人吗?
　　　　Nǐ hǎo! Nǐ shì Rìběnrén ma?

정미영　不是。
　　　　Bú shì.

왕동동　那么，你是哪国人?
　　　　Nàme, nǐ shì nǎ guó rén?

정미영　我是韩国人。
　　　　Wǒ shì Hánguórén.

왕동동　你叫什么名字?
　　　　Nǐ jiào shénme míngzi?

정미영　我叫郑美英①。
　　　　Wǒ jiào Zhèng Měiyīng.

왕동동　我叫王冬冬。
　　　　Wǒ jiào Wáng Dōngdōng.

04 你是中国人吗?　53

본문 정리하기

1. 동사술어문

동사가 술어가 되는 문장을 '동사술어문'이라 한다. 목적어는 일반적으로 동사 뒤에 온다.

예) 你是中国人吗? 당신은 중국인입니까?
Nǐ shì Zhōngguórén ma?

我叫金大韩。 저는 김대한이라고 합니다.
Wǒ jiào Jīn Dàhán.

我去中国。 저는 중국에 갑니다.
Wǒ qù Zhōngguó.

2. 특수의문문

의문대명사로 이루어진 의문문을 '특수의문문'이라 한다. '특수의문문'은 어기조사 吗를 사용하지 않고, 哪 nǎ, 什么 shénme, 谁 shéi, 哪儿 nǎr 등과 같은 의문사를 사용하여 의문문을 만든다.

예) 你是哪国人? 당신은 어느 나라 사람입니까?
Nǐ shì nǎ guó rén?

你叫什么名字? 당신은 이름이 무엇입니까?
Nǐ jiào shénme míngzi?

他是谁? 그는 누구입니까?
Tā shì shéi?

你去哪儿? 당신은 어디를 가나요?
Nǐ qù nǎr?

3. 이름을 묻는 표현

상대방의 이름을 물을 때는 你叫什么名字? Nǐ jiào shénme míngzi? 또는 你的名字叫什么? Nǐ de míngzi jiào shénme?라고 한다. 이름을 묻는 질문에 대해 叫 jiào를 사용해서 다음과 같이 대답한다.

예) 我叫金大韩。 저는 김대한이라고 합니다.
　　Wǒ jiào Jīn Dàhán.

　　我姓金, 叫金大韩。 저는 김씨이고 김대한이라고 합니다.
　　Wǒ xìng Jīn, jiào Jīn Dàhán.

　　我的名字叫金大韩。 제 이름은 김대한입니다.
　　Wǒ de míngzi jiào Jīn Dàhán.

어휘 더하기 ▶ 나라

- ☐ 台湾 Táiwān 대만
- ☐ 法国 Fǎguó 프랑스
- ☐ 德国 Déguó 독일
- ☐ 巴西 Bāxī 브라질
- ☐ 蒙古 Měnggǔ 몽골
- ☐ 越南 Yuènán 베트남
- ☐ 印度 Yìndù 인도
- ☐ 加拿大 Jiānádà 캐나다
- ☐ 西班牙 Xībānyá 스페인
- ☐ 土耳其 Tǔ'ěrqí 터키
- ☐ 意大利 Yìdàlì 이탈리아
- ☐ 俄罗斯 Éluósī 러시아
- ☐ 印度尼西亚 Yìndùníxīyà 인도네시아
- ☐ 墨西哥 Mòxīgē 멕시코

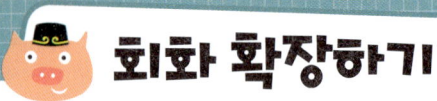 회화 확장하기

◐ 질문에 스스로 답해 보고, 바꿔서 말해 보세요.

1 🎧 04-05

A 你是中国人吗?
Nǐ shì Zhōngguórén ma?

B

▸ 我不是中国人,是韩国人。
Wǒ bú shì Zhōngguórén, shì Hánguórén.

▸ 不是,我是韩国人。
Bú shì, wǒ shì Hánguórén.

▸ 是,我是中国人。
Shì, wǒ shì Zhōngguórén.

2 🎧 04-06

A 你朋友也是韩国人吗?
Nǐ péngyou yě shì Hánguórén ma?

B

▸ 我朋友不是韩国人,是中国人。
Wǒ péngyou bú shì Hánguórén, shì Zhōngguórén.

▸ 是,他也是韩国人。
Shì, tā yě shì Hánguórén.

▸ 不是,他是日本人。
Bú shì, tā shì Rìběnrén.

3 04-07

A 你是哪国人?
Nǐ shì nǎ guó rén?

B

▶ 我是韩国人。
Wǒ shì Hánguórén.

▶ 我是中国人。
Wǒ shì Zhōngguórén.

▶ 我是日本人。
Wǒ shì Rìběnrén.

4 04-08

A 你叫什么名字?
Nǐ jiào shénme míngzi?

B

▶ 我叫郑美英。
Wǒ jiào Zhèng Měiyìng.

▶ 我叫王冬冬。
Wǒ jiào Wáng Dōngdōng.

▶ 我叫金大韩。
Wǒ jiào Jīn Dàhán.

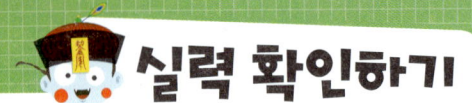 **실력 확인하기**

🡢 다음 한국어 문장을 보고 중국어로 말해 보세요.

1. 저는 중국인입니다.
   저는 중국인이 아닙니다.
   저는 중국인이 아니고, 한국인입니다.

2. 저는 한국인입니다.
   저는 한국인이 아닙니다.
   저는 한국인이 아니고, 중국인입니다.

3. 내 친구는 중국인입니다.
   내 친구는 중국인이 아닙니다.
   내 친구는 중국인이 아니고, 한국인입니다.

4. 당신의 이름은 무엇입니까?
   저는 김대한이라고 합니다.
   저는 정미영이라고 합니다.
   저는 왕동동이라고 합니다.

이번 과에서 배운 단어를 찾아보세요.

人吃什么像什么。
Rén chī shénme xiàng shénme.

먹는 음식이 곧 자신이다.

Lesson 05

你姓什么?
Nǐ xìng shénme?

당신의 성은 무엇입니까?

학습 목표	성과 이름 묻고 답하기
학습 내용	상대에 따른 성 묻기 어기조사 吧 请问…

 준비하기

◉ 이번 과의 핵심 문장과 새 단어를 미리 학습해 보세요.

회화 1

你姓什么?
Nǐ xìng shénme?

정씨입니다.

단어  05-01

- □ 姓 xìng [동] 성이 ~이다
- □ 吧 ba [조] 문장의 끝에 놓여 추측의 어기를 표시함
- □ 汉语 Hànyǔ [명] 중국어
- □ 张杰 Zhāng Jié [고유] 장지에
- □ 您 nín [대] 당신 [2인칭 대명사 你의 존칭]

▶ **교체연습**
- □ 李先生 Lǐ xiānsheng 이 선생, 이씨
- □ 英语 Yīngyǔ [명] 영어
- □ 李明 Lǐ Míng [고유] 리밍

 회화2

认识你很高兴!
Rènshi nǐ hěn gāoxìng!

저도 만나 뵙게 되어서 반갑습니다.

단어

- 请问 qǐngwèn 말씀 좀 여쭙겠습니다, 실례합니다
- 金大韩 Jīn Dàhán [고유] 김대한
- 贵 guì [형] 상대방의 성을 높이는 표현, 귀하다, 비싸다
- 认识 rènshi [동] 알다, 인식하다
- 很 hěn [부] 매우, 대단히
- 高兴 gāoxìng [형] 기쁘다, 즐겁다

▶ 교체연습
- 朴东海 Piáo Dōnghǎi [고유] 박동해

본문 회화

회화1 ▶ 장 선생님이 미영에게 이름을 물어본다. 🎧 05-03

장 선생님: 你好! 你姓什么?
Nǐ hǎo! Nǐ xìng shénme?

정미영: 我姓郑。
Wǒ xìng Zhèng.

장 선생님: 你叫什么名字?
Nǐ jiào shénme míngzi?

정미영: 我叫郑美英。
Wǒ jiào Zhèng Měiyīng.

장 선생님: 你是韩国学生①吧?
Nǐ shì Hánguó xuésheng ba?

정미영: 是，我是韩国学生。
Shì, wǒ shì Hánguó xuésheng.

장 선생님: 我是汉语老师，叫张杰。
Wǒ shì Hànyǔ lǎoshī, jiào Zhāng Jié.

정미영: 张老师，您好!
Zhāng lǎoshī, nín hǎo!

장 선생님: 你好!
Nǐ hǎo!

교체연습

① ▶ 李先生
Lǐ xiānsheng

▶ 英语老师
Yīngyǔ lǎoshī

▶ 李明
Lǐ Míng

▶ 대한과 장 선생님이 서로 통성명한다. 🎧 05-04

교체연습

① ▸ 王 / 冬冬
　　Wáng / Dōngdōng

▸ 朴 / 东海
　Piáo / Dōnghǎi

▸ 张 / 在民
　Zhāng / Zàimín

김대한　请问，你是学生吗?
　　　　Qǐngwèn, nǐ shì xuésheng ma?

장 선생님　不是，我是老师。
　　　　　Bú shì, wǒ shì lǎoshī.

김대한　是吗? 对不起! 对不起!
　　　　Shì ma? Duìbuqǐ! Duìbuqǐ!

장 선생님　没关系，你姓什么?
　　　　　Méi guānxi, nǐ xìng shénme?

김대한　我姓金，叫金大韩①。
　　　　Wǒ xìng Jīn, jiào Jīn Dàhán.

　　　　老师，您贵姓?
　　　　Lǎoshī, nín guì xìng?

장 선생님　我姓张，叫张杰。
　　　　　Wǒ xìng Zhāng, jiào Zhāng Jié.

　　　　　认识你很高兴!
　　　　　Rènshi nǐ hěn gāoxìng!

김대한　认识你我也很高兴!
　　　　Rènshi nǐ wǒ yě hěn gāoxìng!

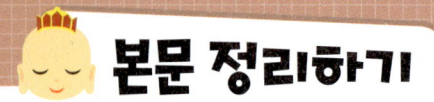

1. 상대에 따른 성 묻기

성씨를 묻는 경우 您贵姓?은 你姓什么?에 비해 본인보다 나이가 많아 보이는 사람에게 예의나 격식을 갖춰 쓰는 표현이다. 您贵姓?은 의문사 없이 성을 묻는 질문으로 쓰이고 있다. '당신의 귀하신 성은?'이라는 뜻으로 상대를 높여 성함을 묻는 표현이니 你보다는 您이 자연스럽다. 성이 王씨이고 이름이 王平이면 아래와 같이 묻고 답할 수 있다.

예) A 你姓什么? 너는 성이 뭐야?
  Nǐ xìng shénme?

  B 我姓王。 나는 왕씨야.
  Wǒ xìng Wáng.

  A 您贵姓? 성이 어떻게 되십니까?
  Nín guì xìng?

  B 我姓王, 叫王平。 왕씨이고, 왕핑이라고 합니다.
  Wǒ xìng Wáng, jiào Wáng Píng.

2. 어기조사 吧

어기조사 吧는 문장의 제일 끝에 놓여 강한 추측 혹은 추정의 어조를 나타낸다.

예) 你是韩国学生吧? 당신은 한국 학생이지요?
  Nǐ shì Hánguó xuésheng ba?

  你是李明吧? 당신이 리밍이지요?
  Nǐ shì Lǐ Míng ba?

  您是王老师吧? 왕 선생님이시지요?
  Nín shì Wáng lǎoshī ba?

  你认识王老师吧? 왕 선생님을 아시지요?
  Nǐ rènshi Wáng lǎoshī ba?

3. 请问…

请问은 "말씀 좀 여쭙겠습니다", "실례합니다."라는 표현으로 처음 보는 사람에게 길을 물을 때와 같이 실례를 범하지 않기 위해 먼저 건네는 말이다. 이러한 정중한 표현으로 다음과 같은 표현도 가능하다.

예) 劳驾。
Láojià.

打扰一下。
Dǎrǎo yíxià.

어휘 더하기 ▶ 한국인의 성씨

- ☐ 金 Jīn 김
- ☐ 李 Lǐ 이
- ☐ 朴 Piáo 박
- ☐ 崔 Cuī 최
- ☐ 郑(鄭) Zhèng 정
- ☐ 姜 Jiāng 강
- ☐ 赵(趙) Zhào 조
- ☐ 尹 Yǐn 윤
- ☐ 张(張) Zhāng 장
- ☐ 林 Lín 임
- ☐ 吴(吳) Wú 오
- ☐ 韩 Hán 한
- ☐ 申 Shēn 신
- ☐ 徐 Xú 서
- ☐ 权(權) Quán 권
- ☐ 黄 Huáng 황
- ☐ 安 Ān 안
- ☐ 宋 Sòng 송
- ☐ 柳 Liǔ 류
- ☐ 洪 Hóng 홍
- ☐ 全 Quán 전
- ☐ 高 Gāo 고
- ☐ 文 Wén 문
- ☐ 孙(孫) Sūn 손
- ☐ 梁 Liáng 양
- ☐ 裴 Péi 배
- ☐ 曹 Cáo 조
- ☐ 百 Bǎi 백
- ☐ 许(許) Xǔ 허
- ☐ 南 Nán 남

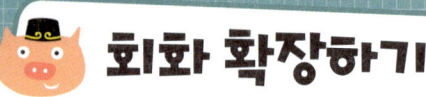

회화 확장하기

> 질문에 스스로 답해 보고, 바꿔서 말해 보세요.

1 🎧 05-05

A 你姓什么?
　Nǐ xìng shénme?

B _____

> 我姓郑。
> Wǒ xìng Zhèng.

> 我姓金。
> Wǒ xìng Jīn.

> 我姓王，叫王平。
> Wǒ xìng Wáng, jiào Wáng Píng.

2 🎧 05-06

A 你是韩国学生吧?
　Nǐ shì Hánguó xuésheng ba?

B _____

> 是，我是韩国学生。
> Shì, wǒ shì Hánguó xuésheng.

> 不是，我是中国学生。
> Bú shì, wǒ shì Zhōngguó xuésheng.

> 不是，我是老师。
> Bú shì, wǒ shì lǎoshī.

3 🎧 05-07

A 您贵姓?
Nín guì xìng?

B _____

▸ 我姓李。
Wǒ xìng Lǐ.

▸ 我姓刘。
Wǒ xìng Liú.

▸ 我姓张,叫张杰。
Wǒ xìng Zhāng, jiào Zhāng Jié.

4 🎧 05-08

A 认识你很高兴!
Rènshi nǐ hěn gāoxìng!

B _____

▸ 认识你我也很高兴!
Rènshi nǐ wǒ yě hěn gāoxìng!

▸ 我也很高兴。
Wǒ yě hěn gāoxìng.

▸ 很高兴认识你。
Hěn gāoxìng rènshi nǐ.

 실력 확인하기

◎ 다음 한국어 문장을 보고 중국어로 말해 보세요.

1. 당신은 한국 학생이지요?
   당신은 중국 유학생이지요?

2. 성이 무엇입니까?
   이름이 무엇입니까?
   성이 어떻게 되십니까? [공손한 표현]

3. 저는 장씨이고, 장지에라고 합니다.
   저는 정씨이고, 정미영이라고 합니다.
   저는 김씨이고, 김대한이라고 합니다.

4. 당신을 알게 돼서 반갑습니다.
   저도 반갑습니다.
   저도 당신을 알게 돼서 반갑습니다.

이번 과에서 배운 단어를 찾아보세요.

人生最困难的事情是认识自己。
Rénshēng zuì kùnnan de shìqing shì rènshi zìjǐ.

인생에서 가장 어려운 일은 자기 자신을 아는 것이다.

你是哪个系的学生?

Nǐ shì nǎ ge xì de xuésheng?

당신은 어느 학과 학생입니까?

학습 목표 학과와 학년 묻고 답하기

학습 내용 양사
的의 용법
소유를 나타내는 有
의문대명사 几

 준비하기

🔸 이번 과의 핵심 문장과 새 단어를 미리 학습해 보세요.

회화1

너는 어느 학과 학생이니?

我是韩语系的学生。
Wǒ shì Hányǔ xì de xuésheng.

단어 🎧 06-01

- 个 gè 양 사람이나 사물을 셀 때 쓰는 단위
- 系 xì 명 학과
- 的 de 조 관형어 뒤에 놓여 수식 관계를 표시함
- 韩语 Hányǔ 명 한국어
- 中文 Zhōngwén 명 중국의 언어와 문자
- 有 yǒu 동 가지고 있다, 소유하다, 있다
- 一 yī 수 하나, 일
- 几 jǐ 수 몇
- 年级 niánjí 명 학년
- 交 jiāo 동 사귀다, 교제하다
- 吧 ba 조 문장의 끝에서 청유, 제의, 가벼운 명령의 어기를 표시함

▶ **교체연습**
- 经济系 jīngjì xì 경제학과
- 历史系 lìshǐ xì 역사학과
- 社会福利系 shèhuì fúlì xì 사회복지학과

 회화2

너는 무슨 공부하니?

我学习汉语。
Wǒ xuéxí Hànyǔ.

단어

☐ 互相 hùxiāng 뮈 서로, 상호

☐ 一下 yíxià 동사 뒤에 놓여 '좀 ~하다'의 뜻을 표시함

☐ 习近明 Xí Jìnmíng 고유 시진밍

☐ 学习 xuéxí 동 학습하다, 공부하다

☐ 国际 guójì 명 국제

☐ 贸易 màoyì 명 무역, 교역

▶ 교체연습

☐ 英文 Yīngwén 명 영어

☐ 经济 jīngjì 명 경제

☐ 法律 fǎlǜ 명 법률

06 你是哪个系的学生? 71

본문 회화

회화1 ▶ 대한이 동동에게 어느 학과 학생인지 물어본다. 🎧 06-03

교체연습
① ▶ 经济系 jīngjì xì
▶ 历史系 lìshǐ xì
▶ 社会福利系 shèhuì fúlì xì

김대한: 你好! 你是哪个系的学生?
Nǐ hǎo! Nǐ shì nǎ ge xì de xuésheng?

왕동동: 我是韩语系①的学生。
Wǒ shì Hányǔ xì de xuésheng.

김대한: 我是中文系的学生。
Wǒ shì Zhōngwén xì de xuésheng.

왕동동: 我有一个韩国朋友, 是中文系的学生。
Wǒ yǒu yí ge Hánguó péngyou, shì Zhōngwén xì de xuésheng.

김대한: 她叫什么名字?
Tā jiào shénme míngzi?

왕동동: 她的名字叫郑美英。
Tā de míngzi jiào Zhèng Měiyīng.

김대한: 我也认识她。你是几年级的学生?
Wǒ yě rènshi tā. Nǐ shì jǐ niánjí de xuésheng?

왕동동: 我是一年级的学生。
Wǒ shì yī niánjí de xuésheng.

김대한: 我也是一年级的学生。我们交个朋友吧!
Wǒ yě shì yī niánjí de xuésheng. Wǒmen jiāo ge péngyou ba!

왕동동: 好!
Hǎo!

회화2 ▶ 미영이 대한에게 진밍을 소개시켜 준다.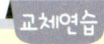

교체연습
① 英文 Yīngwén
▶ 经济 jīngjì
▶ 法律 fǎlǜ

정미영: 你们互相认识一下。
Nǐmen hùxiāng rènshi yíxià.

김대한: 你好！我叫金大韩。
Nǐ hǎo! Wǒ jiào Jīn Dàhán.

시진밍: 你好！我叫习近明。
Nǐ hǎo! Wǒ jiào Xí Jìnmíng.

你学习什么？
Nǐ xuéxí shénme?

김대한: 我学习汉语①，是中文系一年级的学生。
Wǒ xuéxí Hànyǔ, shì Zhōngwén xì yī niánjí de xuésheng.

你是哪个系的学生？
Nǐ shì nǎ ge xì de xuésheng?

시진밍: 我是国际贸易系的学生。我也是一年级的学生。
Wǒ shì Guójì màoyì xì de xuésheng. Wǒ yě shì yī niánjí de xuésheng.

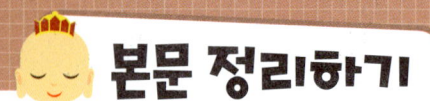

1. 양사

중국어에서 사람, 사물, 동작을 셀 때 표시하는 단위를 양사라 한다. 一个人에서 个와 같이 명사를 세는 단위를 명량사라 하고, 명량사는 '수사+양사+명사'의 순서로 이루어진다.

个 ge	사람 등 개체를 세는 단위	예)	一个人 yí ge rén 한 사람
本 běn	책을 세는 단위	예)	四本书 sì běn shū 책 네 권
口 kǒu	식구를 세는 단위	예)	五口人 wǔ kǒu rén 다섯 식구
节 jié	마디로 된 것을 세는 단위	예)	六节课 liù jié kè 수업 여섯 시간

2. 的의 용법

구조조사 的는 명사나 인칭대명사 뒤에서 소유, 소속, 한정의 관계를 나타낸다.

예) 一年级的学生 1학년 학생
yī niánjí de xuésheng

国际贸易系的学生 무역학과 학생
guójì màoyì xì de xuésheng

学生的名字 학생의 이름
xuésheng de míngzi

인칭대명사가 관형어이고 중심어가 가족이나 친구 또는 소속 관계인 경우에는 일반적으로 的를 생략한다.

예) 我爸爸 우리 아빠
wǒ bàba

我妈妈 우리 엄마
wǒ māma

我朋友 내 친구
wǒ péngyou

我们学校 우리 학교
wǒmen xuéxiào

3. 소유를 나타내는 有

동사 有는 '있다, 가지고 있다'라는 뜻으로 소유를 나타낸다. 동사 有는 没 méi로 부정한다.

예) 我有汉语书。나는 중국어 책이 있다.　→　我没有汉语书。나는 중국어 책이 없다.
　　Wǒ yǒu Hànyǔ shū.　　　　　　　　　Wǒ méiyǒu Hànyǔ shū.

　　我有朋友。나는 친구가 있다.　　　→　我没有朋友。나는 친구가 없다.
　　Wǒ yǒu péngyou.　　　　　　　　　　Wǒ méiyǒu péngyou.

4. 의문대명사 几

几는 일반적으로 10 이하의 수를 물어볼 때 사용하는 의문대명사이다.

예) A 你有几个韩国朋友？ 한국 친구가 몇 명 있습니까?
　　　Nǐ yǒu jǐ ge Hánguó péngyou?

　　B 我有两个韩国朋友。한국 친구가 두 명 있습니다.
　　　Wǒ yǒu liǎng ge Hánguó péngyou.

　　A 你是几年级的学生？ 몇 학년 학생입니까?
　　　Nǐ shì jǐ niánjí de xuésheng?

　　B 我是三年级的学生。저는 3학년 학생입니다.
　　　Wǒ shì sān niánjí de xuésheng.

어휘 더하기 ▶ 대학 전공

- □ 护理系 hùlǐ xì 간호학과
- □ 音乐系 yīnyuè xì 음악학과
- □ 教育系 jiàoyù xì 교육학과
- □ 会计系 kuàijì xì 회계학과
- □ 旅游系 lǚyóu xì 관광학과
- □ 生物系 shēngwù xì 생물학과
- □ 产业设计系 chǎnyè shèjì xì 산업디자인학과
- □ 经营管理系 jīngyíng guǎnlǐ xì 경영학과
- □ 服装设计系 fúzhuāng shèjì xì 패션디자인학과
- □ 保健行政系 bǎojiàn xíngzhèng xì 보건행정학과

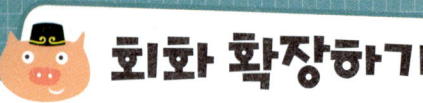

회화 확장하기

◉ 질문에 스스로 답해 보고, 바꿔서 말해 보세요.

1 🎧 06-05

A 你是哪个系的学生?
Nǐ shì nǎ ge xì de xuésheng?

B _____

▸ 我是韩语系的学生。
Wǒ shì Hányǔ xì de xuésheng.

▸ 我是中文系的学生。
Wǒ shì Zhōngwén xì de xuésheng.

▸ 我是国际贸易系的学生。
Wǒ shì guójì màoyì xì de xuésheng.

2 🎧 06-06

A 你是几年级的学生?
Nǐ shì jǐ niánjí de xuésheng?

B _____

▸ 我是一年级的学生。
Wǒ shì yī niánjí de xuésheng.

▸ 我是二年级的学生。
Wǒ shì èr niánjí de xuésheng.

▸ 我是三年级的学生。
Wǒ shì sān niánjí de xuésheng.

3   🎧 06-07

A 我们互相认识一下。
Wǒmen hùxiāng rènshi yíxià.

B

▸ 我叫金大韩，认识你很高兴。
Wǒ jiào Jīn Dàhán, rènshi nǐ hěn gāoxìng.

▸ 我是中文系的学生，叫金大韩。
Wǒ shì Zhōngwén xì de xuésheng, jiào Jīn Dàhán.

▸ 我姓郑，我学习汉语，我们交个朋友吧。
Wǒ xìng Zhèng, wǒ xuéxí Hànyǔ, wǒmen jiāo ge péngyou ba.

4   🎧 06-08

A 你学习什么？
Nǐ xuéxí shénme?

B

▸ 我学习汉语。
Wǒ xuéxí Hànyǔ.

▸ 我学习韩语。
Wǒ xuéxí Hányǔ.

▸ 我学习国际贸易。
Wǒ xuéxí guójì màoyì.

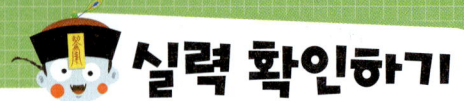 **실력 확인하기**

🔁 다음 한국어 문장을 보고 중국어로 말해 보세요.

1. 저는 한국어과 학생입니다.
   저는 중문과 학생입니다.
   저는 경제학과 학생입니다.
   저는 무역학과 학생입니다.

2. 저는 한국 친구 한 명이 있습니다.
   저는 중국 친구가 한 명이 있습니다.
   저는 중문과 친구 한 명이 있습니다.
   저는 한국어과 친구 한 명이 있습니다.

3. 저는 1학년 학생입니다.
   저는 2학년 학생입니다.
   저도 3학년 학생입니다.
   저도 4학년 학생입니다.

4. 나는 그를 알아.
   나도 그를 알아.
   우리 인사하자.
   우리 서로 인사하자.

机会只给有准备的人。
Jīhuì zhǐ gěi yǒu zhǔnbèi de rén.

기회는 단지 준비된 자에게만 주어진다.

복습

Lesson 01 ~ Lesson 06

◎ 한자와 뜻을 참고하여 빈칸에 알맞은 한어병음을 써 보세요.

Lesson 01

- 你 _____ 대 너, 자네, 당신
- 你们 _____ 대 너희들, 당신들, 자네들
- 好 _____ 형 좋다, 훌륭하다, 만족한다
- 早上 _____ 명 아침
- 老师 _____ 명 선생님, 스승

Lesson 02

- 谢谢 _____ 동 감사합니다, 고맙습니다
- 再见 _____ 동 잘 가, 또 봐, 안녕히 가세요, 안녕히 계세요
- 不客气 _____ 천만에요, 별말씀을요
- 对不起 _____ 동 미안합니다, 죄송합니다
- 明天 _____ 명 내일
- 没关系 _____ 괜찮다, 상관없다, 문제없다
- 见 _____ 동 만나다, 마주치다, 보이다

Lesson 03

- 是 _____ 동 ~이다
- 留学生 _____ 명 유학생
- 学生 _____ 명 학생
- 我们 _____ 대 우리(들)
- 吗 _____ 조 문장 끝에 쓰여 의문의 어기를 표시
- 不 _____ 부 동사나 형용사 앞에서 부정을 표시
- 我 _____ 대 나, 저
- 韩国 _____ 고유 한국
- 他 _____ 대 그, 그 사람, 그이
- 他们 _____ 대 그들, 그 사람들, 저 사람들
- 也 _____ 부 ~도
- 都 _____ 부 모두, 다, 전부
- 中国 _____ 고유 중국

Lesson 04

- 人　　　　　　명 사람
- 朋友　　　　　명 친구
- 日本　　　　　고유 일본
- 那么　　　　　접 그러면, 그렇다면
- 哪　　　　　　대 어느, 어떤, 어느 것
- 叫　　　　　　동 ~라 부르다
- 什么　　　　　형 무슨, 어떤 대 무엇
- 名字　　　　　명 이름, 성명

Lesson 05

- 姓　　　　　　동 성이 ~이다
- 吧　　　　　　조 문장의 끝에 놓여 추측의 어기를 표시함
- 汉语　　　　　명 중국어
- 您　　　　　　대 당신 [2인칭 대명사 '你'의 존칭]
- 请问　　　　　말씀 좀 여쭙겠습니다, 실례합니다
- 贵　　　　　　형 상대방의 성을 높이는 표현, 귀하다, 비싸다
- 认识　　　　　동 알다, 인식하다
- 很　　　　　　부 매우, 대단히
- 高兴　　　　　형 기쁘다, 즐겁다

Lesson 06

- 个　　　　　　양 사람이나 사물을 셀 때 쓰는 단위
- 系　　　　　　명 학과
- 的　　　　　　조 관형어 뒤에 놓여 수식 관계를 표시함
- 韩语　　　　　명 한국어
- 中文　　　　　명 중국의 언어와 문자
- 有　　　　　　동 가지고 있다, 소유하다, 있다
- 一　　　　　　수 하나, 일
- 几　　　　　　수 몇
- 年级　　　　　명 학년
- 交　　　　　　동 사귀다, 교제하다
- 吧　　　　　　조 문장의 끝에서 청유, 제의, 가벼운 명령의 어기를 표시함
- 互相　　　　　부 서로, 상호
- 一下　　　　　동사 뒤에 놓여 '좀 ~하다'의 뜻을 표시함
- 学习　　　　　동 학습하다, 공부하다
- 国际　　　　　명 국제
- 贸易　　　　　명 무역, 교역

◉ 문장의 뜻을 참고하여 빈칸에 알맞은 한자를 써 보세요.

Lesson 01

- ☐ _____ 好!   안녕!
- ☐ _____ 好!   안녕! [아침 인사]
- ☐ _____ 好!   선생님, 안녕하세요!
- ☐ _____ 好!   여러분, 안녕!

Lesson 02

- ☐ _____ !   고마워!
- ☐ _____ 客气!   천만에!
- ☐ 对 _____ 起!   미안해!
- ☐ _____ 。   괜찮아.
- ☐ _____ 见!   잘 가!
- ☐ _____ 见!   내일 봐!

Lesson 03

- ☐ 你 _____ 学生 _____ ?   당신은 학생인가요?
- ☐ 他 _____ 学生吗?   그도 학생인가요?
- ☐ 我们 _____ 中国留学生。   우리는 중국 유학생이 아닙니다.
- ☐ 他们也 _____ 韩国学生吗?   저 사람들도 모두 한국 학생인가요?
- ☐ 我们是 _____ 。   우리는 한국 학생입니다.
- ☐ 他们都是中国 _____ 。   저 사람들 모두 중국 유학생입니다.

Lesson 04

- 你是 _____ 国人？ 당신은 어느 나라 사람입니까?
- 我是 _____ 。 저는 한국인입니다.
- 我 _____ 不是韩国人。 내 친구는 한국인이 아닙니다.
- 你 _____ 什么名字？ 이름이 무엇입니까?
- 你是 _____ 吗？ 당신은 중국인입니까?
- 你朋友 _____ 是韩国人吗？ 당신 친구도 한국인입니까?

Lesson 05

- 你姓 _____ ？ 성이 뭐지요?
- 你是韩国学生 _____ ？ 당신은 한국 학생이지요?
- 您 _____ 姓？ 성이 어떻게 되십니까?
- _____ 你很高兴。 알게 되어서 반갑습니다.
- 我是 _____ 老师。 저는 중국어 선생님입니다.
- 我 _____ 王。 저는 왕씨입니다.

Lesson 06

- 我是 _____ 的学生。 나는 한국어과 학생이야.
- 我有 _____ 韩国朋友。 나는 한국 친구가 한 명 있어.
- 我是 _____ 的学生。 나는 1학년 학생이야.
- 我 _____ 汉语。 나는 중국어를 공부해.
- 你是 _____ 个系的学生？ 너는 어느 학과 학생이니?
- 你是 _____ 年级的学生？ 너는 몇 학년 학생이니?

● 그림과 주어진 문장을 참고하여 대화를 완성해 보세요.

1.

   인사하기

   A 你好!

   B _____!

2.

   감사 인사하기

   A _____!

   B 不客气!

3.

   신분 묻기

   A _____?

   B 是，我是学生。

4.

   신분 묻기2

   A 你们是中国留学生吗?

   B _____。(부정)

5.

   국적 묻고 답하기

   A _____?

   B 我不是中国人，是韩国人。

6. 이름 묻고 답하기

A _____?

B 我叫郑美英。

7. 성씨 묻기

A _____?

B 我姓郑。

8. 처음 만난 사람과 인사하기

A _____!

B 认识你我也很高兴。

9. 학과 묻기

A _____?

B 我是韩语系的学生。

10. 무엇을 공부하는지 묻기

A _____?

B 我学习汉语。

● 그동안 배운 내용을 종합하여 다음 질문에 대한 답변을 쓰고 말해 보세요.

1. 처음 만난 중국인 친구에게 간단히 자기소개를 해 보세요.

2. 중국인 친구에게 옆에 있는 친구를 소개해 보세요.

Lesson 07

现在几点?
Xiànzài jǐ diǎn?

지금 몇 시입니까?

학습 목표 시간 묻고 답하기
학교 수업에 대해 말하기

학습 내용 숫자 읽기
시간 표현
개사 在

◎ 이번 과의 핵심 문장과 새 단어를 미리 학습해 보세요.

단어 🎧 07-01

- 现在 xiànzài 명 현재, 지금
- 点 diǎn 명 시(시간)
- 分 fēn 명 분(시간)
- 今天 jīntiān 명 오늘
- 课 kè 명 수업, 강의

- 下午 xiàwǔ 명 오후
- 两 liǎng 수 둘
- 口语 kǒuyǔ 명 회화, 구어
- 节 jié 양 여러 개로 나누어진 것을 세는 단위
- 没 méi 부 존재의 부정을 표시함

▶ **교체연습**

- 听力课 tīnglì kè 명 듣기 수업
- 阅读课 yuèdú kè 명 독해 수업
- 写作课 xiězuò kè 명 작문 수업

회화2

十一点五十分下课。
Shíyī diǎn wǔshí fēn xiàkè.

몇 시에 수업이 끝나니?

단어 07-02

- 上课 shàngkè 동 수업하다, 수업을 듣다
- 上午 shàngwǔ 명 오전
- 下课 xiàkè 동 수업을 마치다, 수업이 끝나다
- 一起 yìqǐ 부 같이, 함께
- 吃 chī 동 먹다
- 午饭 wǔfàn 명 점심(밥), 오찬

- 啊 a 감 문장 끝에 놓여 감탄을 표시함
- 在 zài 개 ~에서(장소를 표시하는 개사)
- 餐厅 cāntīng 명 식당
- 前边 qiánbian 명 앞
- 等 děng 동 기다리다

▶ 교체연습

- 早饭 zǎofàn 명 아침(밥)
- 晚饭 wǎnfàn 명 저녁(밥)
- 宵夜 xiāoyè 명 야식 동 야식을 먹다

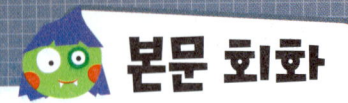 

회화1 ▶ 미영이가 진밍에게 시간을 묻는다. 🎧 07-03

정미영　习近明，现在几点？
　　　　Xí Jìnmíng, xiànzài jǐ diǎn?

시진밍　现在一点二十分。你今天有课吗？
　　　　Xiànzài yī diǎn èrshí fēn. Nǐ jīntiān yǒu kè ma?

정미영　下午两点有课。
　　　　Xiàwǔ liǎng diǎn yǒu kè.

시진밍　你有什么课？
　　　　Nǐ yǒu shénme kè?

정미영　我有汉语口语课[①]。
　　　　Wǒ yǒu Hànyǔ kǒuyǔ kè.

시진밍　有几节课？
　　　　Yǒu jǐ jié kè?

정미영　有两节课。
　　　　Yǒu liǎng jié kè.

시진밍　明天也有课吗？
　　　　Míngtiān yě yǒu kè ma?

정미영　明天没有课。
　　　　Míngtiān méiyǒu kè.

교체연습

① ▶ 听力课
　　 tīnglì kè

▶ 阅读课
　 yuèdú kè

▶ 写作课
　 xiězuò kè

 ▶ 진밍이 미영에게 내일 수업이 몇 시에 있는지 묻는다.

교체연습
① ▸ 两点 　　liǎng diǎn
▸ 五点半 　wǔ diǎn bàn
▸ 十一点四十分 　shíyī diǎn sìshí fēn
② ▸ 早饭 　　zǎofàn
▸ 晚饭 　wǎnfàn
▸ 宵夜 　xiāoyè

시진밍　美英，你明天几点上课？
　　　　Měiyīng, nǐ míngtiān jǐ diǎn shàngkè?

정미영　我明天上午十点有课。
　　　　Wǒ míngtiān shàngwǔ shí diǎn yǒu kè.

시진밍　几点下课？
　　　　Jǐ diǎn xiàkè?

정미영　十一点五十分① 下课。
　　　　Shíyī diǎn wǔshí fēn xiàkè.

시진밍　我们一起吃午饭②，好不好？
　　　　Wǒmen yìqǐ chī wǔfàn, hǎo bu hǎo?

정미영　好啊！我十二点在学生餐厅前边等你。
　　　　Hǎo a! Wǒ shí'èr diǎn zài xuésheng cāntīng qiánbian děng nǐ.

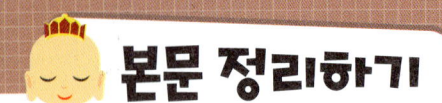 본문 정리하기

1. 숫자 읽기

'0'에서 '99'까지는 우리말과 같다. 그러나 '100'은 一百 yìbǎi, '1000'은 一千 yìqiān으로 읽는다.

0부터 10까지 숫자 읽기

0	1	2	3	4	5	6	7	8	9	10
零	一	二	三	四	五	六	七	八	九	十
líng	yī	èr	sān	sì	wǔ	liù	qī	bā	jiǔ	shí

*숫자 1 yī 는 숫자 7 qī 와 발음이 비슷하여 전화번호나 방 번호를 말할 때는 yāo라고 한다.

10 이상의 숫자 읽기

11	12	⋯	20	21	⋯	99	100	⋯	1000	⋯	10000
十一	十二		二十	二十一		九十九	一百		一千		一万
shíyī	shí'èr		èrshí	èrshíyī		jiǔshíjiǔ	yìbǎi		yìqiān		yíwàn

2. 시간 표현

'시'는 点 diǎn, '분'은 分 fēn으로 나타낸다.

1:00	一点 yī diǎn
2:00	两点 liǎng diǎn * '2시'는 二点이 아니라 两点 liǎng diǎn이라고 한다.
2:02	两点零二分 liǎng diǎn líng èr fēn
3:30	三点三十分 sān diǎn sānshí fēn 三点半 sān diǎn bàn * 30분은 三十分 sānshí fēn 또는 半 bàn으로 나타낸다.
5:30	五点三十(分) wǔ diǎn sānshí (fēn) 五点半 wǔ diǎn bàn

'15분'은 刻 kè를 사용하여 표현할 수도 있고, 差 chà를 사용하여 '몇 시 몇 분 전'이라고 표현한다.

2:15	两点十五分 liǎng diǎn shíwǔ fēn
	两点一刻 liǎng diǎn yí kè
2:45	两点四十五分 liǎng diǎn sìshíwǔ fēn
	两点三刻 liǎng diǎn sān kè
	差十五分三点 chà shíwǔ fēn sān diǎn
	差一刻三点 chà yí kè sān diǎn

3. 개사 在

중국어의 개사는 영어의 전치사와 비슷한 역할을 한다. 개사 在는 동사 앞에 놓여 동작이 이루어지는 장소를 표시한다.

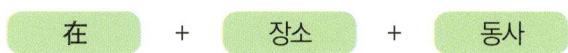

예) 我在学生餐厅前边等你。 학생 식당 앞에서 너를 기다릴게.
Wǒ zài xuésheng cāntīng qiánbian děng nǐ.

他在哪儿学习? 너는 어디에서 공부를 하니?
Tā zài nǎr xuéxí?

어휘 더하기 ▶ 언어

- 粤语 yuèyǔ 광둥어
- 西班牙语 Xībānyáyǔ 스페인어
- 阿拉伯语 Ālābóyǔ 아랍어
- 俄语 Éyǔ 러시아어
- 日语 Rìyǔ 일본어
- 德语 Déyǔ 독일어
- 法语 Fǎyǔ 프랑스어
- 越南语 Yuènányǔ 베트남어

회화 확장하기

➡ 질문에 스스로 답해 보고, 바꿔서 말해 보세요.

1 🎧 07-05

A 现在几点?
Xiànzài jǐ diǎn?

B _____

▸ 现在一点二十分。
Xiànzài yī diǎn èrshí fēn.

▸ 现在上午九点二十分。
Xiànzài shàngwǔ jiǔ diǎn èrshí fēn.

▸ 下午两点半。
Xiàwǔ liǎng diǎn bàn.

2 🎧 07-06

A 你有什么课?
Nǐ yǒu shénme kè?

B _____

▸ 我有汉语口语课。
Wǒ yǒu Hànyǔ kǒuyǔ kè.

▸ 有英语课。
Yǒu Yīngyǔ kè.

▸ 我今天没有课。
Wǒ jīntiān méiyǒu kè.

3 　　　07-07

A 你明天几点上课?
Nǐ míngtiān jǐ diǎn shàngkè?

B

▸ 我明天上午十点有课。
Wǒ míngtiān shàngwǔ shí diǎn yǒu kè.

▸ 明天十二点上课。
Míngtiān shí'èr diǎn shàngkè.

▸ 我明天没有课。
Wǒ míngtiān méiyǒu kè.

4 　　　07-08

A 我们一起吃午饭,好不好?
Wǒmen yìqǐ chī wǔfàn, hǎo bu hǎo?

B

▸ 好啊! 我十二点在学生餐厅前边等你。
Hǎo a! Wǒ shí'èr diǎn zài xuésheng cāntīng qiánbian děng nǐ.

▸ 好! 十二点半见吧!
Hǎo! Shí'èr diǎn bàn jiàn ba!

▸ 对不起,我现在有课。
Duìbuqǐ, wǒ xiànzài yǒu kè.

실력 확인하기

▶ 다음 한국어 문장을 보고 중국어로 말해 보세요.

1. 지금 1시 20분이야.
   지금 6시 50분이야.
   지금 2시 반이야.
   지금 12시 45분이야.

2. 오늘 몇 시간 수업 있어?
   오늘 세 시간 수업 있어.
   오늘 네 시간 수업 있어.
   오늘 다섯 시간 수업 있어.

3. 너 내일 몇 시에 수업 있어?
   내일 오전 10시에 수업이 있어.
   내일 오후 1시에 중국어회화 수업이 있어.
   내일 수업 없어.

4. 몇 시에 수업 마쳐?
   11시 50분에 수업 마쳐.
   12시에 50분에 수업 마쳐.
   오후 2시 50분에 수업 마쳐.

在家不會迎賓客，出外方知少主人。
Zài jiā búhuì yíng bīnkè, chūwài fāng zhī shǎo zhǔrén.

집에 있을 때 손님을 맞아 대접할 줄 모르면,
밖에 나가서야 비로소 자신을 맞아줄 주인이 적은 줄 알게 된다.

Lesson 08

星期六你有事吗?
Xīngqīliù nǐ yǒu shì ma?

토요일에 무슨 일 있나요?

학습 목표
사는 곳 묻고 답하기
생일과 나이 묻고 답하기
전화번호 묻고 답하기

학습 내용
날짜와 요일
명사술어문
동사 在

 준비하기

▶ 이번 과의 핵심 문장과 새 단어를 미리 학습해 보세요.

 회화1

你的生日是几月几号?
Nǐ de shēngrì shì jǐ yuè jǐ hào?

내 생일은 4월 29일이야.

단어 🎧 08-01

- 星期 xīngqī 몡 요일
- 事 shì 몡 일, 사건
- 这个 zhège 대 이, 이것
- 生日 shēngrì 몡 생일
- 来 lái 동 오다
- 家 jiā 몡 집, 가정, 집안
- 一定 yídìng 부 반드시, 꼭
- 去 qù 동 가다

- 哪儿 nǎr 대 어디, 어느 곳
- 海云台 Hǎiyúntái 고유 해운대
- 月 yuè 몡 달, 월
- 号 hào 몡 일(날짜), 호
- 今年 jīnnián 몡 올해
- 多大 duō dà 몇 살입니까? 얼마나 큽니까?
- 呢 ne 조 의문의 어기를 표시함
- 岁 suì 몡 세, 살

▶ 교체연습

- 首尔 Shǒu'ěr 고유 서울
- 大邱 Dàqiū 고유 대구
- 济州 Jìzhōu 고유 제주

- 中秋节 Zhōngqiū Jié 몡 중추절
- 国庆节 Guóqìng Jié 몡 국경절

회화2

네 고향은 어디야?

我的老家在北京。
Wǒ de lǎojiā zài Běijīng.

단어 08-02

- 老家 lǎojiā 명 고향, 고향집
- 北京 Běijīng 고유 베이징
- 呀 ya 조 '啊'가 앞 음절의 모음(a·e·i·o·u)으로 인해 변화
- 高中 gāozhōng 명 고등학교
- 知道 zhīdao 동 알다, 이해하다
- 电话 diànhuà 명 전화
- 号码 hàomǎ 명 번호, 숫자
- 多少 duōshao 대 얼마, 몇

▶ 교체연습

- 上海 Shànghǎi 고유 상하이
- 哈尔滨 Hā'ěrbīn 고유 하얼빈
- 杭州 Hángzhōu 고유 항저우

본문 회화

회화1 ▶ 대한이 동동에게 주말 일정에 대해 묻는다. 🎧 08-03

김대한 冬冬，星期六你有事吗？
Dōngdōng, xīngqīliù nǐ yǒu shì ma?

왕동동 这个星期六我没有什么事。
Zhège xīngqīliù wǒ méiyǒu shénme shì.

김대한 这个星期六是我的生日，
Zhège xīngqīliù shì wǒ de shēngrì,
星期六你来我家吧。
xīngqīliù nǐ lái wǒ jiā ba.

왕동동 好。我一定去。你家在哪儿？
Hǎo. Wǒ yídìng qù. Nǐ jiā zài nǎr?

김대한 我家在海云台①。
Wǒ jiā zài Hǎiyúntái.
你的生日是几月几号？
Nǐ de shēngrì shì jǐ yuè jǐ hào?

왕동동 我的生日是四月二十九号②。
Wǒ de shēngrì shì sì yuè èrshíjiǔ hào.

김대한 你今年多大？
Nǐ jīnnián duō dà?

왕동동 我今年二十岁，你呢？
Wǒ jīnnián èrshí suì, nǐ ne?

김대한 我今年二十二岁。
Wǒ jīnnián èrshí'èr suì.

교체연습

① ▶ 首尔
　　Shǒu'ěr
　▶ 大邱
　　Dàqiū
　▶ 济州
　　Jìzhōu

② ▶ 我朋友的生日 / 十月四号
　　Wǒ péngyou de shēngrì / shí yuè sì hào
　▶ 中秋节 / 八月十五号
　　Zhōngqiū Jié / bā yuè shíwǔ hào
　▶ 国庆节 / 十月一号
　　Guóqìng Jié / shí yuè yī hào

▶ 대한이 동동의 고향을 묻는다. 🎧 08-04

김대한
你的老家在哪儿?
Nǐ de lǎojiā zài nǎr?

왕동동
我的老家在北京①。
Wǒ de lǎojiā zài Běijīng.

김대한
我有一个中国朋友，他的老家也在北京。
Wǒ yǒu yí ge Zhōngguó péngyou, tā de lǎojiā yě zài Běijīng.

왕동동
他叫什么名字?
Tā jiào shénme míngzi?

김대한
他叫习近明。他是国际贸易系一年级的学生。
Tā jiào Xí Jìnmíng. Tā shì guójì màoyì xì yī niánjí de xuésheng.

왕동동
他呀! 他是我高中的朋友。
Tā ya! Tā shì wǒ gāozhōng de péngyou.

你知道他的电话号码是多少吗?
Nǐ zhīdao tā de diànhuà hàomǎ shì duōshao ma?

김대한
知道。他的电话号码是010-2345-6789。
Zhīdao. Tā de diànhuà hàomǎ shì líng-yāo-líng-èr-sān-sì-wǔ-liù-qī bā-jiǔ.

교체연습
① ▶ 上海 Shànghǎi
▶ 哈尔滨 Hā'ěrbīn
▶ 杭州 Hángzhōu

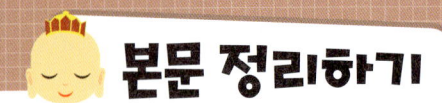 **본문 정리하기**

1. 날짜와 요일

연도는 숫자를 각각 따로 읽고 年 nián을 붙인다.

예) 1997년 一九九七年 yī jiǔ jiǔ qī nián
　　2016년 二零一六年 èr líng yī liù nián

월은 숫자 뒤에 月 yuè를 붙인다.

예) 1월 一月
　　2월 二月
　　⋮
　　12월 十二月

일은 숫자 뒤에 号 hào(구어체) 또는 日 rì(문어체)를 붙인다.

예) 1일 一号
　　2일 二号
　　⋮
　　31일 三十一号

星期 xīngqī나 周 zhōu 뒤에 '1~6'까지의 숫자를 더해 '월~토요일'을 나타낸다. 일요일은 天 tiān 또는 日 rì를 붙인다. 요일을 물어볼 때는 의문대명사 几 jǐ를 써서 今天星期几？Jīntiān xīngqī jǐ?로 묻는다.

월요일	화요일	수요일	목요일	금요일	토요일	일요일
星期一	星期二	星期三	星期四	星期五	星期六	星期天(日)
周一	周二	周三	周四	周五	周六	周日

2. 명사술어문

시간, 날짜, 요일, 나이, 금액, 출신지 등의 명사성 단어나 구가 술어가 되는 문장을 '명사술어문'이라 한다. 이런 문장은 주어와 술어 사이에 동사 是를 넣을 수 있다. 부정형은 반드시 不是를 써야 한다.

예) 今天五月三号。 오늘은 5월 3일이다.
Jīntiān wǔ yuè sān hào.

今天是五月三号。 오늘은 5월 3일이다.
Jīntiān shì wǔ yuè sān hào.

今天不是五月三号。 오늘은 5월 3일이 아니다.
Jīntiān bú shì wǔ yuè sān hào.

明天星期二。 내일은 화요일이다.
Míngtiān xīngqī'èr.

明天是星期二。 내일은 화요일이다.
Míngtiān shì xīngqī'èr.

明天不是星期二。 내일은 화요일이 아니다.
Míngtiān bú shì xīngqī'èr.

3. 동사 在

'在 + 장소'의 형식으로 사람이나 사물이 '~에 있다'는 위치를 나타낸다.

예) A 你家在哪儿? 너의 집은 어디야?
   Nǐ jiā zài nǎr?

   B 我家在海云台。 우리 집은 해운대에 있어.
   Wǒ jiā zài Hǎiyúntái.

부정은 不를 사용한 不在로 '~에 있지 않다'로 말한다.

예) A 你妈妈在家吗? 너의 엄마 집에 계시니?
   Nǐ māma zài jiā ma?

   B 我妈妈不在家。 우리 엄마 집에 안 계셔.
   Wǒ māma bú zài jiā.

어휘 더하기 ▶ 지명

☐ 京畿 Jīngjī 경기   ☐ 龙仁 Lóngrén 용인   ☐ 庆州 Qìngzhōu 경주
☐ 仁川 Rénchuān 인천   ☐ 釜山 Fǔshān 부산   ☐ 蔚山 Wèishān 울산
☐ 水源 Shuǐyuán 수원   ☐ 大田 Dàtián 대전   ☐ 昌原 Chāngyuán 창원
☐ 高阳 Gāoyángshì 고양 ☐ 光州 Guāngzhōu 광주   ☐ 金海 Jīnhǎi 김해

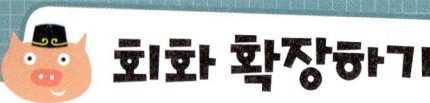 회화 확장하기

질문에 스스로 답해 보고, 바꿔서 말해 보세요.

1 08-05

A 今天星期几?
Jīntiān xīngqī jǐ?

B

▸ 今天星期二。
Jīntiān xīngqī'èr.

▸ 今天星期五。
Jīntiān xīngqīwǔ.

▸ 今天星期天。
Jīntiān xīngqītiān.

2 08-06

A 你的生日是几月几号?
Nǐ de shēngrì shì jǐ yuè jǐ hào?

B

▸ 我的生日是四月二十九号。
Wǒ de shēngrì shì sì yuè èrshíjiǔ hào.

▸ 我的生日是六月二十五号。
Wǒ de shēngrì shì liù yuè èrshíwǔ hào.

▸ 我的生日是十一月二十二号。
Wǒ de shēngrì shì shíyī yuè èrshí'èr hào.

3 08-07

A 你今年多大?
Nǐ jīnnián duō dà?

B

▸ 我今年二十岁。
Wǒ jīnnián èrshí suì.

▸ 我今年十九岁。
Wǒ jīnnián shíjiǔ suì.

▸ 我今年三十八岁。
Wǒ jīnnián sānshíbā suì.

4 08-08

A 你知道他的电话号码是多少吗?
Nǐ zhīdao tā de diànhuà hàomǎ shì duōshao ma?

B

▸ 他的电话号码是 010-2345-6789。
Tā de diànhuà hàomǎ shì líng-yāo-líng-èr-sān-sì-wǔ-liù-qī-bā-jiǔ.

▸ 我不知道他的电话号码。
Wǒ bù zhīdao tā de diànhuà hàomǎ.

▸ 我也不知道。
Wǒ yě bù zhīdao.

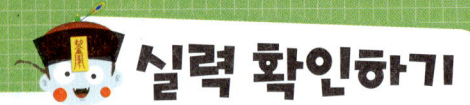

실력 확인하기

→ 다음 한국어 문장을 보고 중국어로 말해 보세요.

1. 이번 주 토요일이 내 생일이야.
   이번 주 월요일은 우리 엄마 생신이야.
   이번 주 일요일은 내 친구의 생일이야.

2. 우리 집은 해운대에 있어.
   우리 집은 서울에 있어.
   내 고향은 베이징이야.

3. 네 생일은 몇 월 며칠이니?
   내 생일은 4월 29일이야.
   내 생일은 2월 1일이야.

4. 당신의 전화번호는 몇 번입니까?
   선생님의 전화번호는 몇 번입니까?
   당신은 그의 전화번호가 몇 번인지 아나요?

有目标的人会成功，因为他们知道向哪里走。
Yǒu mùbiāo de rén huì chénggōng, yīnwèi tāmen zhīdao xiàng nǎlǐ zǒu.

목표가 있는 사람은 성공한다.
어디로 가고 있는지 알기 때문이다.

Lesson 09

你家有几口人?
Nǐ jiā yǒu jǐ kǒu rén?

식구가 몇 명입니까?

학습 목표 가족 구성원 소개하기

학습 내용 가족 호칭
동사 중첩
형용사술어문

이번 과의 핵심 문장과 새 단어를 미리 학습해 보세요.

너희 집 식구는 몇 명이야?

我家有四口人。
Wǒ jiā yǒu sì kǒu rén.

단어 09-01

- 口 kǒu 양 식구를 세는 단위
- 爸爸 bàba 명 아빠, 아버지
- 妈妈 māma 명 엄마, 어머니
- 哥哥 gēge 명 형, 오빠
- 和 hé 접 ~과, ~와
- 工作 gōngzuò 명 일 동 일하다
- 公司 gōngsī 명 회사
- 做 zuò 동 하다, 종사하다
- 大学 dàxué 명 대학
- 首尔 Shǒu'ěr 고유 서울

▶ 교체연습
- 医院 yīyuàn 명 병원
- 电视台 diànshìtái 명 방송국
- 学校 xuéxiào 명 학교

단어

- 看 kàn 〔동〕 보다
- 张 zhāng 〔양〕 사진·종이·탁자 등을 세는 단위
- 照片 zhàopiàn 〔명〕 사진
- 合影 héyǐng 〔명〕 단체 사진
- 对 duì 〔형〕 맞다, 옳다
- 位 wèi 〔양〕 분, 명(사람을 세는 단위)
- 漂亮 piàoliang 〔형〕 예쁘다, 아름답다
- 听说 tīngshuō 〔동〕 듣건대, 듣자하니
- 女 nǚ 〔명〕 여자, 여성
- 非常 fēicháng 〔부〕 매우, 대단히
- 哪里 nǎlǐ 천만에요, 뭘요
- 妹妹 mèimei 〔명〕 여동생
- 高中生 gāozhōngshēng 〔명〕 고등학생
- 可爱 kě'ài 〔형〕 귀엽다, 사랑스럽다

▶ 교체연습

- 记者 jìzhě 〔명〕 기자
- 大夫 dàifu 〔명〕 의사
- 厨师 chúshī 〔명〕 요리사

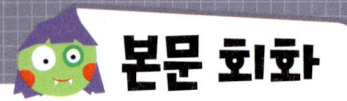

회화1 ▶ 미영이 진밍의 가족에 대해 묻는다. 🎧 09-03

	교체연습
① ▶ 医院 yīyuàn
▶ 电视台 diànshìtái
▶ 学校 xuéxiào

정미영
习近明，你家有几口人？
Xí Jìnmíng, nǐ jiā yǒu jǐ kǒu rén?

시진밍
我家有四口人。
Wǒ jiā yǒu sì kǒu rén.

정미영
你家都有什么人？
Nǐ jiā dōu yǒu shénme rén?

시진밍
有爸爸、妈妈、哥哥和我。
Yǒu bàba、māma、gēge hé wǒ.

정미영
你爸爸在哪儿工作？
Nǐ bàba zài nǎr gōngzuò?

시진밍
我爸爸在公司①工作，妈妈不工作。
Wǒ bàba zài gōngsī gōngzuò, māma bù gōngzuò.

정미영
你哥哥做什么工作？
Nǐ gēge zuò shénme gōngzuò?

시진밍
他不工作，是大学四年级的学生。
Tā bù gōngzuò, shì dàxué sì niánjí de xuésheng.

정미영
他在哪儿学习？
Tā zài nǎr xuéxí?

시진밍
他在首尔学习国际贸易。
Tā zài shǒu'ěr xuéxí guójì màoyì.

회화2 ▶ 미영과 진밍이 미영의 가족 사진을 보며 이야기한다.

교체연습

① ▶ 记者
　　 jìzhě
　▶ 大夫
　　 dàifu
　▶ 厨师
　　 chúshī

정미영　习近明，你看看这张照片。
　　　　Xí Jìnmíng, nǐ kànkan zhè zhāng zhàopiàn.

시진밍　这是你家的合影吧?
　　　　Zhè shì nǐ jiā de héyǐng ba?

정미영　对。这位是我爸爸，这位是我妈妈。
　　　　Duì. Zhè wèi shì wǒ bàba, zhè wèi shì wǒ māma.

시진밍　你妈妈很漂亮。
　　　　Nǐ māma hěn piàoliang.

정미영　听说你女朋友也非常漂亮。
　　　　Tīngshuō nǐ nǚpéngyou yě fēicháng piàoliang.

시진밍　哪里哪里! 这是你妹妹吧。
　　　　Nǎlǐ nǎlǐ! Zhè shì nǐ mèimei ba.

정미영　是，她是<mark>高中生</mark>①。
　　　　Shì, tā shì gāozhōngshēng.

시진밍　她很可爱啊!
　　　　Tā hěn kě'ài a!

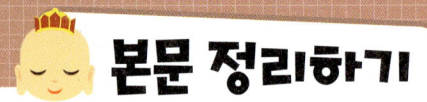

1. 가족 호칭

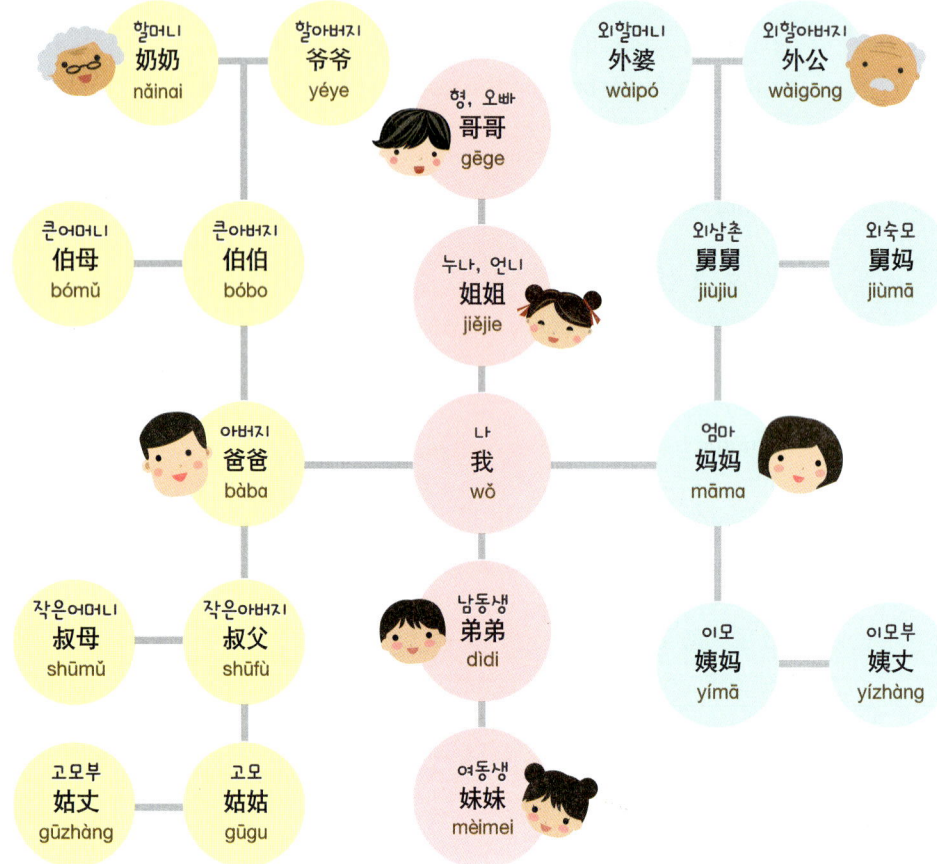

고모, 이모, 외삼촌은 나이에 따른 구별 호칭이 없다.
爸爸는 父亲 fùqīn, 妈妈는 母亲 mǔqīn이라고도 한다.

2. 동사 중첩

동사를 중첩하면 동작 행위의 지속 시간이 짧으며 '좀 ~해 보다'라는 의미, 또는 '가볍게 어떤 동작 행위를 한번 하다'는 의미를 가진다.

예) 你看看这张照片。 이 사진을 좀 보세요.
Nǐ kànkan zhè zhāng zhàopiàn.

你听听这首中国歌。 이 중국 노래 좀 들어 보세요.
Nǐ tīngting zhè shǒu Zhōngguó gē.

3. 형용사술어문

'형용사술어문'은 형용사가 술어가 되는 문장이다.

예) 她可爱吗? 그녀는 귀엽니?
Tā kě'ài ma?

她很可爱。 그녀는 귀엽다.
Tā hěn kě'ài.

她不可爱。 그녀는 귀엽지 않다.
Tā bù kě'ài.

你朋友漂亮吗? 네 친구 예쁘니?
Nǐ péngyou piàoliang ma?

你朋友非常漂亮。 네 친구는 매우 예쁘다.
Nǐ péngyou fēicháng piàoliang.

你朋友不漂亮。 네 친구는 예쁘지 않다.
Nǐ péngyou bú piàoliang.

어휘 더하기 ▶ 직업

- ☐ 医生 yīshēng 의사
- ☐ 护士 hùshi 간호사
- ☐ 导游 dǎoyóu 관광안내원
- ☐ 导演 dǎoyǎn 연출자, 감독
- ☐ 演员 yǎnyuán 연기자
- ☐ 司机 sījī 기사, 운전사
- ☐ 军人 jūnrén 군인
- ☐ 警察 jǐngchá 경찰
- ☐ 律师 lǜshī 변호사
- ☐ 运动员 yùndòngyuán 운동선수
- ☐ 模特儿 mótèr 모델
- ☐ 音乐家 yīnyuèjiā 음악가
- ☐ 救生员 jiùshēngyuán 인명구조요원
- ☐ 设计师 shèjìshī 설계사, 디자이너
- ☐ 工程师 gōngchéngshī 기사, 엔지니어
- ☐ 乘务员 chéngwùyuán 승무원

회화 확장하기

🔸 질문에 스스로 답해 보고, 바꿔서 말해 보세요.

1 🎧 09-05

A 你家有几口人?
Nǐ jiā yǒu jǐ kǒu rén?

B _____

▸ 我家有四口人。
Wǒ jiā yǒu sì kǒu rén.

▸ 有三口人,爸爸、妈妈和我。
Yǒu sān kǒu rén, bàba、māma hé wǒ.

▸ 我家有六口人,爷爷、奶奶、爸爸、妈妈、哥哥和我。
Wǒ jiā yǒu liù kǒu rén, yéye、nǎinai、bàba、māma、gēge hé wǒ.

2

A 你爸爸在哪儿工作?
Nǐ bàba zài nǎr gōngzuò?

B _____

▸ 我爸爸在公司工作。
Wǒ bàba zài gōngsī gōngzuò.

▸ 我爸爸在医院工作。
Wǒ bàba zài yīyuàn gōngzuò.

▸ 我爸爸在大学工作。
Wǒ bàba zài dàxué gōngzuò.

3

A 你哥哥做什么工作?
Nǐ gēge zuò shénme gōngzuò?

B

▸ 我哥哥是公司职员。
Wǒ gēge shì gōngsī zhíyuán.

▸ 我哥哥是大学老师。
Wǒ gēge shì dàxué lǎoshī.

▸ 他不工作,是大学四年级的学生。
Tā bù gōngzuò, shì dàxué sì niánjí de xuésheng.

4

A 这是你妹妹吧。
Zhè shì nǐ mèimei ba.

B

▸ 是,她是高中生。
Shì, tā shì gāozhōngshēng.

▸ 是,她很可爱。
Shì, tā hěn kě'ài.

▸ 不是,是我姐姐。
Bú shì, shì wǒ jiějie.

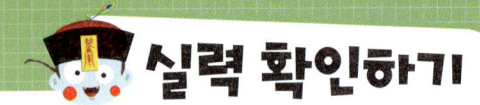 **실력 확인하기**

⊙ 다음 한국어 문장을 보고 중국어로 말해 보세요.

1. 우리 가족은 세 명입니다.
   우리 가족은 네 명입니다.
   우리 가족은 다섯 명입니다.

2. 우리 아빠는 회사에서 일하십니다.
   우리 엄마는 대학교에서 일하십니다.
   우리 형은 일하지 않아요.

3. 우리 아빠는 회사원입니다.
   우리 엄마는 선생님입니다.
   내 여동생은 고등학생입니다.

4. 너의 엄마 예쁘시다.
   너의 친구도 예쁘다.
   내 친구는 예쁘지 않아.

立志、工作、成功是人类活动的三大要素。
Lìzhì、gōngzuò、chénggōng shì rénlèi huódòng de sān dà yàosù.

뜻을 세우고 일을 하고,
성공하는 것이 인생의 3대 요소이다.

Lesson 10

你最近忙吗?
Nǐ zuìjìn máng ma?

요즘 바쁘세요?

학습 목표 상태 묘사하기

학습 내용 정도부사 有点儿
정반의문문
주술술어문
대략적인 수를 나타내는 有
어기조사 呢

◆ 이번 과의 핵심 문장과 새 단어를 미리 학습해 보세요.

你觉得汉语难不难?
Nǐ juéde Hànyǔ nán bu nán?

발음은 쉬운데,
한자는 너무 어려워.

단어 🎧 10-01

- □ 最近 zuìjìn 몡 최근, 요즘
- □ 忙 máng 형 바쁘다, 틈이 없다
- □ 作业 zuòyè 몡 숙제, 과제
- □ 比较 bǐjiào 뷔 비교적
- □ 多 duō 형 많다
- □ 发音 fāyīn 몡 발음

- □ 容易 róngyì 형 쉽다, 용이하다
- □ 汉字 Hànzì 몡 한자
- □ 少 shǎo 형 적다
- □ 只 zhǐ 뷔 단지, 다만, 겨우
- □ 大概 dàgài 뷔 대략, 아마도, 대개
- □ 真 zhēn 뷔 정말, 참으로

단어

- 男 nán 명 남자, 남성
- 帅 shuài 형 멋지다, 잘생기다
- 觉得 juéde 동 ~라고 여기다, ~라고 생각하다
- 兄弟姐妹 xiōngdì jiěmèi 형제자매
- 弟弟 dìdi 명 남동생
- 有点儿 yǒudiǎnr 부 조금, 약간
- 胖 pàng 형 뚱뚱하다
- 上海 Shànghǎi 고유 상하이
- 还 hái 부 아직도, 아직, 여전히

▶ 교체연습

- 聪明 cōngming 형 똑똑하다, 총명하다
- 小气 xiǎoqì 형 인색하다, 쩨쩨하다

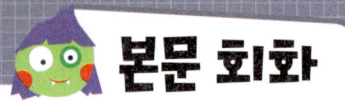 본문 회화

회화1 ▶ 동동이 대한에게 안부를 묻는다. 10-03

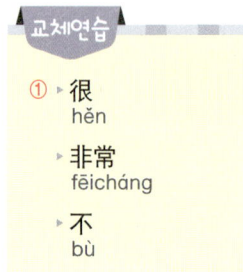

왕동동 金大韩，你最近忙吗?
　　　　Jīn Dàhán, nǐ zuìjìn máng ma?

김대한 有点儿忙，汉语作业比较①多。
　　　　Yǒudiǎnr máng, Hànyǔ zuòyè bǐjiào duō.

왕동동 你觉得汉语难不难?
　　　　Nǐ juéde Hànyǔ nán bu nán?

김대한 发音很容易，汉字非常难。
　　　　Fāyīn hěn róngyì, Hànzì fēicháng nán.

왕동동 你们系留学生多不多?
　　　　Nǐmen xì liúxuéshēng duō bu duō?

김대한 我们系留学生很少，只有两个人。
　　　　Wǒmen xì liúxuéshēng hěn shǎo, zhǐ yǒu liǎng ge rén.

왕동동 我们系中国留学生很多。
　　　　Wǒmen xì Zhōngguó liúxuéshēng hěn duō.

김대한 大概有多少个人?
　　　　Dàgài yǒu duōshao ge rén?

왕동동 大概有二十个人。
　　　　Dàgài yǒu èrshí ge rén.

김대한 真多!
　　　　Zhēn duō!

회화2 ▸ 대한이 동동의 남자 친구에 대해 이야기한다. 10-04

교체연습
① ▸ 可爱 kě'ài
▸ 聪明 cōngming
▸ 小气 xiǎoqì

김대한　听说，你男朋友很帅①，对吗？
　　　　Tīngshuō, nǐ nánpéngyou hěn shuài, duì ma?

왕동동　对，我觉得他非常帅。
　　　　Duì, wǒ juéde tā fēicháng shuài.

김대한　你有兄弟姐妹吗？
　　　　Nǐ yǒu xiōngdì jiěmèi ma?

왕동동　我有一个弟弟，他有点儿胖。你呢？
　　　　Wǒ yǒu yí ge dìdi, tā yǒudiǎnr pàng. Nǐ ne?

김대한　我有一个姐姐，她非常漂亮。
　　　　Wǒ yǒu yí ge jiějie, tā fēicháng piàoliang.

왕동동　你姐姐工作吗？她在哪儿工作？
　　　　Nǐ jiějie gōngzuò ma? Tā zài nǎr gōngzuò?

김대한　她在上海工作。
　　　　Tā zài Shànghǎi gōngzuò.

왕동동　我弟弟还是高中生。
　　　　Wǒ dìdi hái shì gāozhōngshēng.

冬冬 & 天天

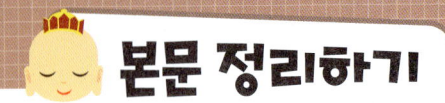

1. 정도부사 有点儿

有点儿은 형용사 앞에 놓여 '조금' 또는 '약간'의 의미를 갖는다. 주의할 점은 주관적인 의견으로 주로 부정, 불만의 의미를 갖는 경우에 쓰인다는 것이다. '좀 예쁘다' 또는 '좀 기쁘다'를 有点儿 漂亮 yǒudiǎnr piàoliàng 또는 有点儿高兴 yǒudiǎnr gāoxìng이라고는 하지 않는다.

예) 有点儿忙。 좀 바쁘다.
Yǒudiǎnr máng.

有点儿难。 좀 어렵다.
Yǒudiǎnr nán.

有点儿多。 좀 많다.
Yǒudiǎnr duō.

有点儿大。 좀 크다.
Yǒudiǎnr dà.

2. 정반의문문

술어의 동사나 형용사를 긍정형과 부정형을 함께 나열하여 상대방의 의사를 묻는 의문문을 '정반의문'이라고 한다. 긍정과 부정 중에서 하나를 선택하여 대답한다.

예) A 汉语难不难? 중국어는 어렵니?
Hànyǔ nán bu nán?

B 汉语不难。 중국어는 어렵지 않아.
Hànyǔ bù nán.

A 你男朋友帅不帅? 네 남자친구는 잘생겼니?
Nǐ nánpéngyou shuài bu shuài?

B 我男朋友很帅。 내 남자친구는 잘생겼어.
Wǒ nánpéngyou hěn shuài.

3. 주술술어문

술어가 '주어+술어'로 이루어진 문장을 '주술술어문'이라고 한다.

예) 我们系中国留学生很多。 우리 학과에는 중국 유학생이 많다.
Wǒmen xì Zhōngguó liúxuéshēng hěn duō.

我爸爸工作很忙。 우리 아빠는 일이 바쁘시다.
Wǒ bàba gōngzuò hěn máng.

4. 대략적인 수를 나타내는 有

동사 有는 '있다', '존재한다', '가지다' 등의 의미를 나타낼 뿐만 아니라 대략적인 수를 제시할 때도 쓰인다. 대략적인 수를 나타낼 때는 동사 有 앞에 大概 등의 부사가 온다.

예) 大概有二十个人。 대략 20명이다.
Dàgài yǒu èrshí ge rén.

大概有六十公斤。 대략 60킬로그램이다.
Dàgài yǒu liùshí gōngjīn.

5. 어기조사 呢

어기조사 呢는 앞에서 말한 화제를 이어받아 질문을 할 때 쓰인다. 대명사 혹은 명사 뒤에 붙는다.

예) 我很忙。你呢? 나는 바빠. 너는?
Wǒ hěn máng. Nǐ ne?

我今天有两节课。你呢? 나는 오늘 수업이 두 시간 있어. 너는?
Wǒ jīntiān yǒu liǎng jié kè. Nǐ ne?

어휘 더하기 ▶ 자주 사용하는 형용사

- ☐ 厚 hòu 두껍다
- ☐ 薄 báo 얇다
- ☐ 快 kuài 빠르다
- ☐ 慢 màn 느리다
- ☐ 重 zhòng 무겁다
- ☐ 轻 qīng 가볍다

- ☐ 早 zǎo 이르다
- ☐ 晚 wǎn 늦다
- ☐ 宽 kuān 넓다
- ☐ 窄 zhǎi 좁다
- ☐ 小 xiǎo 작다
- ☐ 长 cháng 길다

- ☐ 短 duǎn 짧다
- ☐ 瘦 shòu 마르다
- ☐ 矮 ǎi (키가) 작다
- ☐ 高 gāo 높다, (키가) 크다
- ☐ 贵 guì (가격이나 가치가) 비싸다
- ☐ 便宜 piányi (값이) 싸다

회화 확장하기

🔵 질문에 스스로 답해 보고, 바꿔서 말해 보세요.

1 🎧 10-05

A 你最近忙吗?
Nǐ zuìjìn máng ma?

B

▸ 有点儿忙。
Yǒudiǎnr máng.

▸ 我最近比较忙。
Wǒ zuìjìn bǐjiào máng.

▸ 我最近非常忙,汉语作业很多。
Wǒ zuìjìn fēicháng máng, Hànyǔ zuòyè hěn duō.

2 🎧 10-06

A 你觉得汉语难不难?
Nǐ juéde Hànyǔ nán bù nán?

B

▸ 发音很容易,汉字非常难。
Fāyīn hěn róngyì, Hànzì fēicháng nán.

▸ 不难,很容易。
Bù nán, hěn róngyì.

▸ 听和说比较容易,写汉字很难。
Tīng hé shuō bǐjiào róngyì, xiě Hànzì hěn nán.

3 🎧 10-07

A 你们系留学生多不多?
Nǐmen xì liúxuéshēng duō bu duō?

B

▸ 我们系留学生很少,只有两个人。
Wǒmen xì liúxuéshēng hěn shǎo, zhǐ yǒu liǎng ge rén.

▸ 我们系中国留学生很多。
Wǒmen xì Zhōngguó liúxuéshēng hěn duō.

▸ 比较多,大概有二十个人。
Bǐjiào duō, dàgài yǒu èrshí ge rén.

4 🎧 10-08

A 你有兄弟姐妹吗?
Nǐ yǒu xiōngdì jiěmèi ma?

B

▸ 我有一个弟弟,他有点儿胖。
Wǒ yǒu yí ge dìdi, tā yǒudiǎnr pàng.

▸ 我有一个姐姐,她非常漂亮。
Wǒ yǒu yí ge jiějie, tā fēicháng piàoliang.

▸ 我有两个妹妹,她们还是高中生。
Wǒ yǒu liǎng ge mèimei, tāmen hái shì gāozhōngshēng.

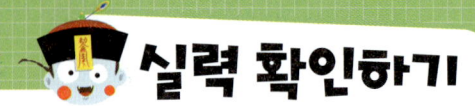 실력 확인하기

◯ 다음 한국어 문장을 보고 중국어로 말해 보세요.

1. 중국어 숙제가 비교적 많아요.
   중국어 숙제가 조금 많아요.
   중국어 숙제가 굉장히 많아요.

2. 중국어는 어렵습니까?
   유학생이 많습니까?
   당신의 친구는 예쁜가요?

3. 우리학과는 유학생이 적습니다.
   우리학과는 유학생이 많습니다.
   우리학과는 유학생이 비교적 많습니다.

4. 저는 남동생이 한 명 있습니다.
   저는 언니가 두 명 있습니다.
   저는 여동생이 세 명 있습니다.

이번 과에서 배운 단어를 찾아보세요.

选择一份你热爱的工作，
那么你一生都不觉得是在工作。
Xuǎnzé yí fèn nǐ rè'ài de gōngzuò, nàme nǐ yìshēng dōu bù juéde shì zài gōngzuò.

네가 열렬히 사랑하는 일을 선택해라, 그러면 평생 일하고 있다는 생각이 들지 않을 것이다.

Lesson 11

你每天几点起床?
Nǐ měitiān jǐ diǎn qǐchuáng?

매일 몇 시에 일어납니까?

학습 목표　하루 일과 소개하기

학습 내용　연동문
　　　　　　하루 일과 표현
　　　　　　前과 后
　　　　　　怎么样

 준비하기

> 이번 과의 핵심 문장과 새 단어를 미리 학습해 보세요.

 회화1

너 매일 몇 시에 일어나니?

我每天六点半起床。
Wǒ měitiān liù diǎn bàn qǐchuáng.

단어 11-01

- 每天 měitiān 명 매일, 날마다
- 起床 qǐchuáng 동 일어나다, 기상하다
- 半 bàn 수 반, 절반
- 早饭 zǎofàn 아침(밥)
- 一般 yìbān 부 일반적으로, 보통
- 学校 xuéxiào 명 학교
- 晚上 wǎnshang 명 저녁, 밤

- 晚饭 wǎnfàn 명 저녁(밥)
- 后 hòu 명 (시간상으로) 뒤의, 후의
- 电视 diànshì 명 텔레비전
- 上网 shàngwǎng 동 인터넷을 하다, 인터넷을 연결하다
- 什么的 shénmede 대 등, 기타 등등
- 睡觉 shuìjiào 동 잠을 자다

▶ 교체연습
- 看报纸 kàn bàozhǐ 신문을 보다
- 洗澡 xǐzǎo 동 목욕하다
- 踢足球 tī zúqiú 축구를 하다

단어 🎧 11-02

- 门 mén 양 과목·학문 등을 세는 단위
- 时间 shíjiān 명 시간
- 电影 diànyǐng 명 영화
- 怎么样 zěnmeyàng 대 어떻다, 어떠하다
- 时候 shíhou 명 때, 시각
- 见面 jiànmiàn 동 만나다, 대면하다
- 宿舍 sùshè 명 기숙사, 숙사

▶ 교체연습

- 人文馆 rénwénguǎn 인문관
- 美术馆 měishùguǎn 명 미술관
- 网球场 wǎngqiúchǎng 명 테니스장

본문 회화

회화1 ▶ 미영이 진밍에게 하루 일과에 대해 묻는다. 🎧 11-03

교체연습
① ▶ 看报纸 　　kàn bàozhǐ 　▶ 洗澡 　　xǐzǎo 　▶ 踢足球 　　tī zúqiú

정미영　你每天几点起床?
　　　　Nǐ měitiān jǐ diǎn qǐchuáng?

시진밍　我每天六点半起床。
　　　　Wǒ měitiān liù diǎn bàn qǐchuáng.

　　　　我七点吃早饭①，八点去上课。
　　　　Wǒ qī diǎn chī zǎofàn, bā diǎn qù shàngkè.

정미영　你在哪儿吃午饭?
　　　　Nǐ zài nǎr chī wǔfàn?

시진밍　一般在学校的学生餐厅吃午饭。
　　　　Yìbān zài xuéxiào de xuésheng cāntīng chī wǔfàn.

정미영　晚上你做什么?
　　　　Wǎnshang nǐ zuò shénme?

시진밍　吃晚饭后，做作业、看电视、上网什么的。
　　　　Chī wǎnfàn hòu, zuò zuòyè, kàn diànshì, shàng wǎng shénmede.

정미영　一般几点睡觉?
　　　　Yìbān jǐ diǎn shuìjiào?

시진밍　晚上十二点睡觉。
　　　　Wǎnshang shí'èr diǎn shuìjiào.

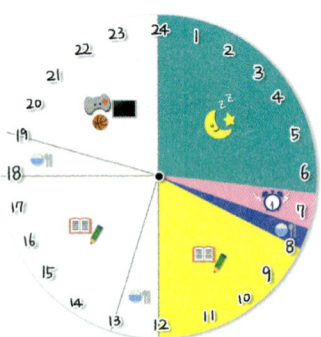

▶ 진밍과 미영이 주말 일정에 대해 이야기한다. 🎧 11-04

시진밍 你今天几点下课?
Nǐ jīntiān jǐ diǎn xiàkè?

정미영 下午四点下课。
Xiàwǔ sì diǎn xiàkè.

시진밍 你今天的课真多!
Nǐ jīntiān de kè zhēn duō!

정미영 我今天有三门课，有点儿忙。
Wǒ jīntiān yǒu sān mén kè, yǒudiǎnr máng.

시진밍 星期天你有时间吗?
Xīngqītiān nǐ yǒu shíjiān ma?

정미영 有，星期天没有什么事。
Yǒu, xīngqītiān méiyǒu shénme shì.

시진밍 那我们一起去看电影，怎么样?
Nà wǒmen yìqǐ qù kàn diànyǐng, zěnmeyàng?

정미영 好啊! 星期天什么时候在哪儿见面?
Hǎo a! Xīngqītiān shénme shíhou zài nǎr jiànmiàn?

시진밍 <u>下午两点</u>在<u>学生宿舍前边</u>①见面吧。
Xiàwǔ liǎng diǎn zài xuéshēng sùshè qiánbian jiànmiàn ba.

정미영 好。
Hǎo.

교체연습

① ▸ 上午十点 / 人文馆前边
shàngwǔ shí diǎn / rénwénguǎn qiánbian

▸ 下午两点半 / 美术馆里边
xiàwǔ liǎng diǎn bàn / měishùguǎn lǐbian

▸ 晚上八点 / 网球场后边
wǎnshang bā diǎn / wǎngqiúchǎng hòubian

본문 정리하기

1. 연동문

하나의 주어에 동사나 동사구가 두 개 이상 연달아 나오는 문장을 '연동문'이라고 한다.

예) 我去看电影。나는 영화 보러 간다.
Wǒ qù kàn diànyǐng.

我去学校上课。나는 학교에 수업하러 간다.
Wǒ qù xuéxiào shàngkè.

我去餐厅吃饭。나는 식당에 밥 먹으러 간다.
Wǒ qù cāntīng chīfàn.

2. 하루 일과 표현

예) 6:40 我早上六点四十分起床。나는 아침 6시 40분에 일어난다.
Wǒ zǎoshang liù diǎn sìshí fēn qǐchuáng.

9:00 我上午九点上课。나는 오전 9시에 수업을 듣는다.
Wǒ shàngwǔ jiǔ diǎn shàngkè.

12:00 我中午十二点吃午饭。나는 12시에 점심을 먹는다.
Wǒ zhōngwǔ shí'èr diǎn chī wǔfàn.

14:50 我两点五十分下课。나는 2시 50분에 수업이 끝난다.
Wǒ liǎng diǎn wǔshí fēn xiàkè.

15:00 我下午三点去学习。나는 오후 3시에 공부하러 간다.
Wǒ xiàwǔ sān diǎn qù xuéxí.

17:30 我五点半回家。나는 5시 반에 집에 간다.
Wǒ wǔ diǎn bàn huí jiā.

19:00 我晚上七点吃晚饭。나는 저녁 7시에 저녁을 먹는다.
Wǒ wǎnshang qī diǎn chī wǎnfàn.

24:00 我晚上十二点睡觉。나는 밤 12시에 잠을 잔다.
Wǒ wǎnshang shí'èr diǎn shuìjiào.

3. 前과 后

前 qián과 后 hòu는 단어나 절 뒤에서 시간을 표시한다. 以前 yǐqián, 以后 yǐhòu라고도 할 수 있다.

예) 午饭前 / 以前 점심 전
wǔfàn qián / yǐqián

吃午饭前 / 以前 점심 먹기 전
chī wǔfàn qián / yǐqián

晚饭后 / 以后 저녁 후
wǎnfàn hòu / yǐhòu

吃晚饭后 / 以后 저녁 먹은 후에
chī wǎnfàn hòu / yǐhòu

4. 怎么样

의문대명사 怎么样은 단어나 문장 뒤에 놓여 어떠한 상황이나 상대방의 의견에 대해서 물을 때 사용한다. 好不好? 와 같은 의미로 우리말의 '어떻습니까?', '어때요?'에 해당한다.

예) 他怎么样? 그는 어떻습니까?
Tā zěnmeyàng?

今天的午饭怎么样? 오늘 점심은 어떻습니까?
Jīntiān de wǔfàn zěnmeyàng?

学生餐厅怎么样? 학생 식당은 어떻습니까?
Xuésheng cāntīng zěnmeyàng?

我们一起去看电影, 怎么样? 우리 함께 영화 보러 가는 것이 어때요?
Wǒmen yìqǐ qù kàn diànyǐng, zěnmeyàng?

어휘 더하기 ▶ 학교 건물

- □ 工科学院 gōngkē xuéyuàn 공과대학
- □ 图书馆 túshūguǎn 도서관
- □ 操场 cāochǎng 운동장
- □ 师范馆 shīfànguǎn 사범관
- □ 经商馆 jīngshāngguǎn 상경관
- □ 体育馆 tǐyùguǎn 체육관
- □ 工学馆 gōngxuéguǎn 공학관
- □ 医生命馆 yīshēngmìngguǎn 의생명관
- □ 大学本部 dàxué běnbù 대학본부
- □ 留学生办公室 liúxuéshēng bàngōngshì 유학생 사무실

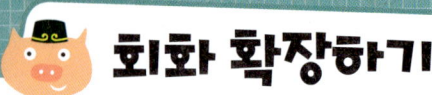
회화 확장하기

▶ 질문에 스스로 답해 보고, 바꿔서 말해 보세요.

1 🎧 11-05

A 你每天几点起床?
Nǐ měitiān jǐ diǎn qǐchuáng?

B _____

▸ 我每天六点半起床。
Wǒ měitiān liù diǎn bàn qǐchuáng.

▸ 我九点有课,七点起床。
Wǒ jiǔ diǎn yǒu kè, qī diǎn qǐchuáng.

▸ 我七点半起床。起床后,八点吃早饭。
Wǒ qī diǎn bàn qǐchuáng. Qǐchuáng hòu, bā diǎn chī zǎofàn.

2 🎧 11-06

A 晚上你做什么?
Wǎnshang nǐ zuò shénme?

B _____

▸ 吃晚饭后,做作业、看电视、上网什么的。
Chī wǎnfàn hòu, zuò zuòyè, kàn diànshì, shàngwǎng shénmede.

▸ 吃饭、做作业、上网什么的。
Chīfàn, zuò zuòyè, shàngwǎng shénmede.

▸ 做作业后睡觉。
Zuò zuòyè hòu shuìjiào.

3 🎧 11-07

A 一般几点睡觉?
　　Yìbān jǐ diǎn shuìjiào?

B _____

▸ 晚上十二点睡觉。
　Wǎnshang shí'èr diǎn shuìjiào.

▸ 晚上十点半睡觉。
　Wǎnshang shí diǎn bàn shuìjiào.

▸ 我每天晚上十一点睡觉。
　Wǒ měitiān wǎnshang shíyī diǎn shuìjiào.

4 🎧 11-08

A 星期天什么时候在哪儿见面?
　　Xīngqītiān shénme shíhou zài nǎr jiànmiàn?

B _____

▸ 下午两点在学生宿舍前边见面吧。
　Xiàwǔ liǎng diǎn zài xuéshēng sùshè qiánbian jiànmiàn ba.

▸ 早上八点半学校前边见面吧。
　Zǎoshang bā diǎn bàn xuéxiào qiánbian jiànmiàn ba.

▸ 晚上六点学生餐厅前边见吧。
　Wǎnshang liù diǎn xuéshēng cāntīng qiánbian jiàn ba.

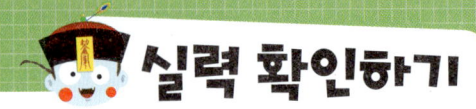

실력 확인하기

⊙ 다음 한국어 문장을 보고 중국어로 말해 보세요.

1. 나는 아침 6시에 일어나.
　　나는 오전 9시에 수업하러 가.
　　나는 밤 12시에 잠을 자.

2. 보통 학교의 학생 식당에서 점심을 먹어요.
　　보통 집에서 아침을 먹어요.
　　보통 기숙사 식당에서 저녁을 먹어요.

3. 우리 같이 영화 보러 가는 게 어때?
　　우리 같이 저녁 먹으러 가는 게 어때?
　　우리 같이 수업하러 가는 게 어때?

4. 저녁에는 너 뭐 해?
　　점심 먹은 후에 너 뭐 해?
　　영화 본 후에 우리 뭐 할까?

想要幸福就要放弃眼前的比较。
Xiǎngyào xìngfú jiù yào fàngqì yǎnqián de bǐjiào.

행복하고 싶다면 남과 비교하지 말라.

今天我请客。
Jīntiān wǒ qǐngkè.

오늘 제가 한턱낼게요.

학습 목표 좋아하는 것 묻고 답하기

학습 내용 조동사 想
선택의문문
又…又…
개사 给
접속사 或者

준비하기

🔄 이번 과의 핵심 문장과 새 단어를 미리 학습해 보세요.

회화1

你想吃什么?
Nǐ xiǎng chī shénme?

난 무엇이든 다 좋아해.

단어 🎧 12-01

- ☐ 请客 qǐngkè 〔동〕 한턱내다, 접대하다
- ☐ 想 xiǎng 〔조동〕 ~하고 싶다 〔동〕 생각하다
- ☐ 菜 cài 〔명〕 요리, 반찬
- ☐ 还是 háishi 〔접〕 아니면, 또는
- ☐ 附近 fùjìn 〔명〕 부근, 근처
- ☐ 有名 yǒumíng 〔형〕 유명하다

- ☐ 家 jiā 〔양〕 가게, 공장 등을 세는 단위
- ☐ 又 yòu 〔부〕 또, 다시, 또한
- ☐ 便宜 piányi 〔형〕 (가격이) 싸다
- ☐ 好吃 hǎochī 〔형〕 맛있다, 맛나다
- ☐ 快 kuài 〔부〕 빨리, 급히 〔형〕 빠르다

▶ 교체연습

- ☐ 炸酱面 zhájiàngmiàn 〔명〕 자장면
- ☐ 意大利面 yìdàlìmiàn 〔명〕 스파게티
- ☐ 啤酒 píjiǔ 〔명〕 맥주
- ☐ 白酒 báijiǔ 〔명〕 바이주

- ☐ 麦当劳 Màidāngláo 〔고유〕 맥도날드
- ☐ 肯德基 Kěndéjī 〔고유〕 KFC

단어

- 爱好 àihào 명 취미, 애호 동 애호하다
- 给 gěi 개 ~에게(동작을 받는 대상을 표시함)
- 打 dǎ 동 (전화)하다, 때리다
- 问 wèn 동 묻다, 질문하다
- 就 jiù 부 바로, 즉시, 당장
- 接 jiē 동 (전화를) 받다, 연결하다
- 咖啡厅 kāfēitīng 명 카페
- 喝 hē 동 마시다
- 咖啡 kāfēi 명 커피
- 常常 chángcháng 부 늘, 항상, 자주
- 一天 yìtiān 명 하루
- 杯 bēi 명 잔, 컵
- 或者 huòzhě 접 혹은

▶ 교체연습

- 茶 chá 명 차
- 牛奶 niúnǎi 명 우유
- 果汁 guǒzhī 명 과일주스

12 今天我请客。 **139**

본문 회화

회화1 ▶ 미영이 진밍에게 한턱내겠다고 한다.

교체연습

① ▸ 吃炸酱面 / 吃意大利面
　　chī zhájiàngmiàn / chī yìdàlìmiàn

▸ 喝啤酒 / 喝白酒
　hē píjiǔ / hē báijiǔ

▸ 吃麦当劳 / 吃肯德基
　chī Màidāngláo / chī Kěndéjī

정미영　习近明，今天我请客。
　　　　Xí Jìnmíng, jīntiān wǒ qǐngkè.

시진밍　你有什么好事吗?
　　　　Nǐ yǒu shénme hǎo shì ma?

정미영　今天是我的生日，你想吃什么?
　　　　Jīntiān shì wǒ de shēngrì, nǐ xiǎng chī shénme?

시진밍　我什么都喜欢吃。
　　　　Wǒ shénme dōu xǐhuan chī.

정미영　你每天吃什么菜? 吃中国菜还是吃韩国菜①?
　　　　Nǐ měitiān chī shénme cài? Chī Zhōngguó cài háishi chī Hánguó cài?

시진밍　我每天吃韩国菜。
　　　　Wǒ měitiān chī Hánguó cài.

정미영　那么今天我们吃中国菜，好不好?
　　　　Nàme jīntiān wǒmen chī Zhōngguó cài, hǎo bu hǎo?

시진밍　好。学校附近的餐厅很有名，那家的菜又便宜又好吃。
　　　　Hǎo. Xuéxiào fùjìn de cāntīng hěn yǒumíng, nà jiā de cài yòu piányi yòu hǎochī.

정미영　好，我们快去吧。
　　　　Hǎo, wǒmen kuài qù ba.

 미영과 진밍이 밥을 먹은 후 무엇을 할지 이야기한다.

교체연습
① ▶ 茶 chá
▶ 牛奶 niúnǎi
▶ 果汁 guǒzhī

시진밍 我们吃饭后做什么?
Wǒmen chīfàn hòu zuò shénme?

정미영 我们去看看电影, 怎么样?
Wǒmen qù kànkan diànyǐng, zěnmeyàng?

시진밍 你的爱好是看电影吗? 最近有什么好电影?
Nǐ de àihào shì kàn diànyǐng ma? Zuìjìn yǒu shénme hǎo diànyǐng?

정미영 我也不知道, 给你女朋友打电话问问, 怎么样?
Wǒ yě bù zhīdao, gěi nǐ nǚpéngyou dǎ diànhuà wènwen, zěnmeyàng?

시진밍 好, 我现在就打吧。
Hǎo, wǒ xiànzài jiù dǎ ba.

(진밍의 여자 친구가 전화를 받지 않는다)

시진밍 她不接电话。
Tā bù jiē diànhuà.

정미영 那么我们去咖啡厅喝咖啡吧。
Nàme wǒmen qù kāfēitīng hē kāfēi ba.

시진밍 你常常喝咖啡吗?
Nǐ chángcháng hē kāfēi ma?

정미영 我不常喝咖啡, 你呢?
Wǒ bù cháng hē kāfēi, nǐ ne?

시진밍 我喜欢喝咖啡①, 一天喝一杯或者两杯。
Wǒ xǐhuan hē kāfēi, yìtiān hē yì bēi huòzhě liǎng bēi.

본문 정리하기

1. 조동사 想

조동사 想은 동사 앞에 놓여 어떤 일을 하고 싶은 소망이나 기대를 표시한다. 우리말로 '~를 하고 싶다'로 번역된다.

예) 我想喝咖啡。 나는 커피를 마시고 싶다.
Wǒ xiǎng hē kāfēi.

我想吃中国菜。 나는 중국 요리를 먹고 싶다.
Wǒ xiǎng chī Zhōngguó cài.

他想去中国。 그는 중국에 가고 싶어 한다.
Tā xiǎng qù Zhōngguó.

我朋友想看电影。 내 친구는 영화를 보고 싶어 한다.
Wǒ péngyou xiǎng kàn diànyǐng.

2. 선택의문문

중국어에서 둘 중에 어느 하나를 선택해야 할 때 'A+还是+B' 형식으로 'A입니까? B입니까?'라는 의문문을 사용한다. 이러한 의문문을 '선택의문문'이라 한다.

예) 你想吃中国菜还是吃韩国菜? 중국 요리를 먹고 싶어 아니면 한국 요리를 먹고 싶어?
Nǐ xiǎng chī Zhōngguó cài háishi chī Hánguó cài?

你上午有课还是下午有课? 오전에 수업이 있니 아니면 오후에 수업이 있니?
Nǐ shàngwǔ yǒu kè háishi xiàwǔ yǒu kè?

你今天去还是明天去? 오늘 가니 아니면 내일 가니?
Nǐ jīntiān qù háishi míngtiān qù?

他是中国人还是韩国人? 그는 중국 사람입니까 아니면 한국 사람입니까?
Tā shì Zhōngguórén háishi Hánguórén?

3. 又…又…

'~하고 ~하기도 하다'라는 뜻을 나타낸다.

예) 又漂亮又可爱。 예쁘기도 하고 귀엽기도 하다.
Yòu piàoliang yòu kě'ài.

又好吃又便宜。 맛있기도 하고 싸기도 하다.
Yòu hǎochī yòu piányi.

4. 개사 给

'给+인칭대명사+동사' 형식으로 '~에게 ~을 (해)주다'라는 뜻을 말한다.

예) 我想给你买中国菜。 나는 너에게 중국 요리를 사 주고 싶어.
Wǒ xiǎng gěi nǐ mǎi Zhōngguó cài.

我给你打个电话! 내가 너에게 전화 한 통 할게.
Wǒ gěi nǐ dǎ ge diànhuà!

5. 접속사 或者

'A或者B'는 평서문으로 'A 혹은 B이다' 또는 'A를 하든지 아니면 B를 한다'라는 의미이다.

예) 我喝一杯或者两杯。 한 잔 아니면 두 잔을 마신다.
Wǒ hē yì bēi huòzhě liǎng bēi.

我吃中国菜或者吃韩国菜。 중국 요리 아니면 한국 요리를 먹는다.
Wǒ chī Zhōngguó cài huòzhě chī Hánguó cài.

어휘 더하기 ▶ 간식

- ☐ 饼干 bǐnggān 과자
- ☐ 蛋糕 dàngāo 케이크
- ☐ 方便面 fāngbiànmiàn 라면
- ☐ 热狗 règǒu 핫도그
- ☐ 汉堡(包) hànbǎo(bāo) 햄버거
- ☐ 三明治 sānmíngzhì 샌드위치

회화 확장하기

▶ 질문에 스스로 답해 보고, 바꿔서 말해 보세요.

1 🎧 12-05

A 你想吃什么?
　 Nǐ xiǎng chī shénme?

B _____

▸ 我什么都喜欢吃。
　 Wǒ shénme dōu xǐhuan chī.

▸ 中国菜我什么都喜欢吃。
　 Zhōngguó cài wǒ shénme dōu xǐhuan chī.

▸ 我想吃中国菜。
　 Wǒ xiǎng chī Zhōngguó cài.

2 🎧 12-06

A 你的爱好是什么?
　 Nǐ de àihào shì shénme?

B _____

▸ 我的爱好是看中国电影。
　 Wǒ de àihào shì kàn Zhōngguó diànyǐng.

▸ 我喜欢打篮球。
　 Wǒ xǐhuan dǎ lánqiú.

▸ 我很爱做菜。
　 Wǒ hěn ài zuò cài.

3 🎧 12-07

A 我们吃饭后做什么?
Wǒmen chīfàn hòu zuò shénme?

B ▢

▸ 我们去看看电影,怎么样?
Wǒmen qù kànkan diànyǐng, zěnmeyàng?

▸ 吃饭后,喝咖啡,好不好?
Chīfàn hòu, hē kāfēi, hǎo bu hǎo?

▸ 我们吃饭后,去图书馆学习,怎么样?
Wǒmen chīfàn hòu, qù túshūguǎn xuéxí, zěnmeyàng?

4 🎧 12-08

A 你常常喝咖啡吗?
Nǐ chángcháng hē kāfēi ma?

B ▢

▸ 我不常喝咖啡,你呢?
Wǒ bù cháng hē kāfēi, nǐ ne?

▸ 我常常喝咖啡。一天喝一杯或者两杯。
Wǒ chángcháng hē kāfēi. Yìtiān hē yì bēi huòzhě liǎng bēi.

▸ 我喜欢喝咖啡。每天早上喝一杯咖啡。
Wǒ xǐhuan hē kāfēi. Měitiān zǎoshang hē yì bēi kāfēi.

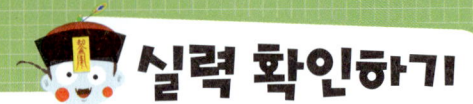 **실력 확인하기**

> 다음 한국어 문장을 보고 중국어로 말해 보세요.

1. 중국 요리는 무엇이든 다 좋아해.
   커피는 무엇이든 다 좋아해.
   영화는 무엇이든 다 좋아해.

2. 너 중국 요리 먹고 싶어 아니면 한국 요리 먹고 싶어?
   너 영화 보고 싶어 아니면 TV 보고 싶어?
   너 오늘 가니 아니면 내일 가니?

3. 나는 커피 마시는 것을 좋아해.
   나는 중국 요리 먹는 것을 좋아해.
   나는 농구하는 것을 좋아해.

4. 그럼 우리 카페 가서 커피 마시자.
   그럼 우리 식당 가서 점심 먹자.
   그럼 우리 도서관 가서 공부하자.

忙活，或者等死。
Máng huó, huòzhě děng sǐ.

바쁜 삶을 살거나 죽음을 기다리거나.

복습

Lesson 07 ~ Lesson 12

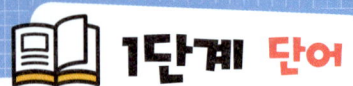

> 한자와 뜻을 참고하여 빈칸에 알맞은 한어병음을 써 보세요.

- 呀　　　　　　㊂ '啊'가 앞 음절의 모음 (a·e·i·o·u)으로 인해 변화
- 高中　　　　　명 고등학교
- 知道　　　　　동 알다, 이해하다
- 电话　　　　　명 전화
- 号码　　　　　명 번호, 숫자
- 多少　　　　　대 얼마, 몇

Lesson 09

- 口　　　　　양 식구를 세는 단위
- 爸爸　　　　명 아빠, 아버지
- 妈妈　　　　명 엄마, 어머니
- 哥哥　　　　명 형, 오빠
- 和　　　　　접 ~과, ~와
- 工作　　　　명 일 동 일하다
- 公司　　　　명 회사
- 做　　　　　동 하다, 종사하다
- 大学　　　　명 대학
- 首尔　　　　고유 서울
- 看　　　　　동 보다
- 张　　　　　양 사진·종이·탁자 등을 세는 단위
- 照片　　　　명 사진
- 合影　　　　명 단체 사진
- 对　　　　　형 맞다, 옳다
- 位　　　　　양 분, 명(사람을 세는 단위)
- 漂亮　　　　형 예쁘다, 아름답다
- 听说　　　　동 듣건대, 듣자하니
- 女　　　　　명 여자, 여성
- 非常　　　　부 매우, 대단히
- 哪里　　　　천만에요, 뭘요
- 妹妹　　　　명 여동생
- 高中生　　　명 고등학생
- 可爱　　　　형 귀엽다, 사랑스럽다

Lesson 10

- 最近　　　　　　 명 최근, 요즘
- 忙　　　　　　　 형 바쁘다, 틈이 없다
- 作业　　　　　　 명 숙제, 과제
- 比较　　　　　　 부 비교적
- 多　　　　　　　 형 많다
- 发音　　　　　　 명 발음
- 容易　　　　　　 형 쉽다, 용이하다
- 汉字　　　　　　 명 한자
- 少　　　　　　　 형 적다
- 只　　　　　　　 부 단지, 다만, 겨우
- 大概　　　　　　 부 대략, 아마도, 대개
- 真　　　　　　　 부 정말, 참으로
- 男　　　　　　　 명 남자, 남성
- 觉得　　　　　　 동 ~라고 여기다, ~라고 생각하다
- 帅　　　　　　　 형 멋지다, 잘생기다
- 兄弟姐妹　　　　 형제자매
- 弟弟　　　　　　 명 남동생
- 有点儿　　　　　 부 조금, 약간
- 胖　　　　　　　 형 뚱뚱하다
- 上海　　　　　　 고유 상하이
- 还　　　　　　　 부 아직도, 아직, 여전히

Lesson 11

- 每天　　　　　　 명 매일, 날마다
- 起床　　　　　　 동 일어나다, 기상하다
- 半　　　　　　　 수 반, 절반
- 早饭　　　　　　 명 아침(밥)
- 一般　　　　　　 부 일반적으로, 보통
- 学校　　　　　　 명 학교
- 晚上　　　　　　 명 저녁, 밤
- 晚饭　　　　　　 명 저녁(밥)
- 后　　　　　　　 명 (시간상으로) 뒤의, 후의
- 电视　　　　　　 명 텔레비전
- 上网　　　　　　 동 인터넷을 하다, 인터넷을 연결하다
- 什么的　　　　　 대 등, 기타 등등
- 睡觉　　　　　　 동 잠을 자다
- 门　　　　　　　 양 과목·학문 등을 세는 단위
- 时间　　　　　　 명 시간
- 电影　　　　　　 명 영화
- 怎么样　　　　　 대 어떻다, 어떠하다

- 时候　　　　　　명 때, 시각
- 见面　　　　　　동 만나다, 대면하다
- 宿舍　　　　　　명 기숙사, 숙사

Lesson 12

- 请客　　　　　　동 한턱내다, 접대하다
- 想　　　　　　조동 ~하고 싶다 동 생각하다
- 菜　　　　　　명 요리, 반찬
- 还是　　　　　　접 아니면, 또는
- 附近　　　　　　명 부근, 근처
- 有名　　　　　　형 유명하다
- 家　　　　　　양 가게, 공장 등을 세는 단위
- 又　　　　　　부 또, 다시, 또한
- 便宜　　　　　　형 (가격이) 싸다
- 好吃　　　　　　형 맛있다, 맛나다
- 快　　　　　　부 빨리, 급히 형 빠르다
- 爱好　　　　　　명 취미, 애호 동 애호하다
- 给　　　　　　개 ~에게(동작을 받는 대상을 표시함)
- 打　　　　　　동 (전화)하다, 때리다
- 问　　　　　　동 묻다, 질문하다
- 就　　　　　　부 바로, 즉시, 당장
- 接　　　　　　동 (전화를) 받다, 연결하다
- 咖啡厅　　　　　　명 카페
- 喝　　　　　　동 마시다
- 咖啡　　　　　　명 커피
- 常常　　　　　　부 늘, 항상, 자주
- 一天　　　　　　명 하루
- 杯　　　　　　명 잔, 컵
- 或者　　　　　　접 혹은

● 문장의 뜻을 참고하여 빈칸에 알맞은 한자를 써 보세요.

Lesson 07

- 现在几　　　　？　　　　　　　지금 몇 시야?
- 我有　　　　。　　　　　　　나는 중국어 회화 수업이 있어.
- 我　　　　点　　　　下课。　　11시 50분에 수업이 끝나.
- 明天　　　　课。　　　　　　　내일은 수업 없어.
- 我们　　　　吃午饭，好不好？　우리 같이 점심 먹을래?
- 我十二点在学生　　　　前边等你。12시에 학생 식당 앞에서 기다릴게.

Lesson 08

- 　　　　你来我家吧。　　　　　토요일에 우리 집에 와.
- 我家　　　　海云台。　　　　　우리 집은 해운대에 있어.
- 你的生日是　　　　月　　　　号？네 생일은 몇 월 며칠이니?
- 我今年二十　　　　。　　　　　나는 올해 20살이야.
- 你今年　　　　？　　　　　　　너는 올해 몇 살이니?
- 你知道他的电话号码是　　　　吗？너는 그의 전화번호가 몇 번인지 아니?

Lesson 09

- 我家有四　　　　人。　　　　　우리 집 가족은 네 명이야.
- 有爸爸、妈妈　　　　我。　　　아빠, 엄마 그리고 나야.
- 我爸爸在公司　　　　。　　　　우리 아버지는 회사에서 일하셔.
- 你妈妈很　　　　。　　　　　　너희 어머니 정말 예쁘시다.
- 我妈妈　　　　工作。　　　　　우리 엄마는 일 안 하셔.
- 你　　　　这张照片。　　　　　이 사진 좀 봐.

Lesson 10

- 你觉得汉语难 _____ 难? 　　네 생각에는 중국어가 어렵니 안 어렵니?
- 我们系留学生 _____ 。 　　우리 과에는 유학생이 적어.
- _____ 有多少个人? 　　대략 몇 명이야?
- 他 _____ 胖。 　　그는 조금 통통해.
- 你有 _____ 吗? 　　너 형제자매가 있니?
- 你弟弟 _____ 高中生。 　　내 남동생은 아직 고등학생이야.

Lesson 11

- 我每天六点半 _____ 。 　　나는 매일 여섯 시 반에 일어나.
- 一般在学生餐厅 _____ 。 　　보통 학교 학생 식당에서 점심을 먹어.
- 我们一起去看电影, _____ ? 　　우리 같이 영화 보러 가는 것이 어때?
- _____ 在学生宿舍前边见面吧! 　　오후 2시에 기숙사 앞에서 만나자!
- 吃晚饭后, 做 _____ 、看电视。 　　저녁 먹은 후에 숙제하고, TV를 봐.
- 晚上十二点 _____ 。 　　밤 12시에 잠을 자.

Lesson 12

- 你 _____ 吃什么? 　　너 뭐 먹고 싶어?
- 吃中国菜 _____ 韩国菜? 　　중국 요리를 먹니 아니면 한국 요리를 먹니?
- 你的 _____ 是看电影吗? 　　영화 보는 것이 네 취미야?
- 我一天喝一杯 _____ 两杯。 　　나는 하루에 한 잔이나 두 잔 마셔.
- 今天我 _____ 。 　　오늘 내가 한턱낼게.
- _____ 你女朋友打电话问问, 怎么样? 　　네 여자 친구에게 전화해서 좀 물어보는 게 어때?

3단계 대화

🔹 그림과 주어진 문장 참고하여 대화를 완성해 보세요.

1.

    시간 묻고 답하기1
    A _____?
    B 现在一点二十分。

2.

    시간 묻고 답하기2
    A 几点下课?
    B _____。(11시 50분)

3.

    생일 묻기
    A _____?
    B 我的生日是四月二十九号。

4.

    고향 묻기
    A _____?
    B 我的老家在北京。

5.

    가족 수 묻기
    A _____?
    B 我家有四口人。

6. 가족 관계 묻기&묘사하기

A 你有兄弟姐妹吗?

B _____。

7. 기상 시간 묻기

A _____?

B 我每天六点半起床。

8. 약속 시간과 장소 정하기

A 星期天什么时候在哪儿见面？

B _____。
(오후 2시, 학생기숙사 앞)

9. 의견 묻기

A _____?

B 我什么都喜欢吃。

10. 되묻기

A 我不常喝咖啡，_____?

B 我喜欢喝咖啡，一天喝一杯或两杯。

◐ 그동안 배운 내용을 종합하여 다음 질문에 대한 답변을 쓰고 말해 보세요.

1. 나의 가족과 옆에 있는 친구의 가족에 대해 소개해 보세요.

2. 나의 하루 일과와 취미에 대해 이야기해 보세요.

부록

발음 연습, 복습 정답

본문 회화 해석

정답

오리엔테이션

발음 연습 ▶15p

2. ① **b**o   t**a**   h**e**   g**u**   ch**i**
   ② **r**i   c**u**   sh**u**   q**u**   sh**i**
   ③ **c**i   sh**e**   ch**a**   m**e**   **x**u

발음 연습 ▶17p

2. ① s**ou**   z**en**   r**en**   f**an**
   ② b**eng**   m**ai**   m**ei**   zh**eng**   h**ai**
   ③ sh**ei**   p**ao**   m**ou**   n**ei**   ch**en**

발음 연습 ▶19p

2. ① **y**e   **j**ia   **j**ie   **p**ian   **x**iong
   ② **y**ao   **q**ia   **d**iu   **t**ian   **y**ou
   ③ **y**an   **m**in   **d**ing   **x**in   **b**ie

발음 연습 ▶21p

2. ① zh**ua**   j**ue**   x**uan**   x**un**   q**un**
   ② s**un**   q**ue**   q**uan**   g**uo**   g**uang**
   ③ h**ua**   s**uo**   n**üe**   d**ui**   l**uan**

발음 연습 ▶23p

2. ① zhí   ② tōu   ③ shuó
   ④ qǐ   ⑤ zuì   ⑥ lù
   ⑦ diū   ⑧ xǔ   ⑨ jiǔ

복습 01~06

1단계 ▶80p

Lesson 01
nǐ   nǐmen
hǎo   zǎoshang
lǎoshī

Lesson 02
xièxie   zàijiàn
bú kèqi   míngtiān
duìbuqǐ   jiàn
méi guānxi

Lesson 03
shì   liúxuéshēng
xuésheng   wǒmen
ma   bù
wǒ   Hánguó
tā   tāmen
yě   dōu
Zhōngguó

Lesson 04
rén   nǎ
péngyou   jiào
Rìběn   shénme
nàme   míngzi

Lesson 05
xìng   guì
ba   rènshi
Hànyǔ   hěn
nín   gāoxìng
qǐngwèn

Lesson 06
ge   niánjí
xì   jiāo
de   ba
Hányǔ   hùxiāng
Zhōngwén   yíxià
yǒu   xuéxí

yī guójì
jǐ màoyì

2단계 ▶82p

Lesson 01
你好！
早上好！
老师好！
你们好！

Lesson 02
谢谢！
不客气！
对不起！
没关系。
再见！
明天见！

Lesson 03
你是学生吗？
他也是学生吗？
我们不是中国留学生。
他们也都是韩国学生吗？
我们是韩国学生。
他们都是中国留学生。

Lesson 04
你是哪国人？
我是韩国人。
我朋友不是韩国人。
你叫什么名字？
你是中国人吗？
你朋友也是韩国人吗？

Lesson 05
你姓什么？
你是韩国学生吧？
您贵姓？
认识你很高兴。
我是汉语老师。
我姓王。

Lesson 06
我是韩语系的学生。
我有一个韩国朋友。
我是一年级的学生。
我学习汉语。
你是哪个系的学生？
你是几年级的学生？

3단계 ▶84p

1. 你好
2. 谢谢
3. 你是学生吗
4. 我们不是中国留学生
5. 你是中国人吗
6. 你叫什么名字
7. 你姓什么
8. 认识你很高兴
9. 你是哪个系的学生
10. 你学习什么

복습 07~12

1단계 ▶148p

Lesson 01
xiànzài shàngwǔ
diǎn xiàkè

fēn	yìqǐ	Shǒu'ěr	mèimei
jīntiān	chī	kàn	gāozhōngshēng
kè	wǔfàn	zhāng	kě'ài
xiàwǔ	a		
liǎng	zài		

Lesson 10

kǒuyǔ	cāntīng
jié	qiánbian
méi	děng
shàngkè	

Lesson 08

xīngqī	Hǎiyúntái	zuìjìn	zhēn
shì	yuè	máng	nán
zhège	hào	zuòyè	juéde
shēngrì	jīnnián	bǐjiào	shuài
lái	duō dà	duō	xiōngdì jiěmèi
jiā	ne	fāyīn	dìdi
yídìng	suì	róngyì	yǒudiǎnr
qù	lǎojiā	Hànzì	pàng
nǎr	Běijīng	shǎo	Shànghǎi
		zhǐ	hái
ya	diànhuà	dàgài	
gāozhōng	hàomǎ		
zhīdao	duōshao		

Lesson 11

měitiān	diànshì
qǐchuáng	shàngwǎng
bàn	shénmede
zǎofàn	shuìjiào
yìbān	mén
xuéxiào	shíjiān
wǎnshang	diànyǐng
wǎnfàn	zěnmeyàng
hòu	
shíhou	sùshè
jiànmiàn	

Lesson 09

kǒu	zhàopiàn
bàba	héyǐng
māma	duì
gēge	wèi
hé	piàoliang
gōngzuò	tīngshuō
gōngsī	nǚ
zuò	fēicháng
dàxué	nǎlǐ

Lesson 12

qǐngkè	dǎ
xiǎng	wèn
cài	jiù

háishi
fùjìn
yǒumíng
jiā
yòu
piányi
hǎochī
kuài
àihào
gěi

jiē
kāfēitīng
hē
kāfēi
chángcháng
yìtiān
bēi
huòzhě

2단계 ▶152p

Lesson 07
现在几点?
我有汉语口语课。
我十一点五十分下课。
明天没有课。
我们一起吃午饭, 好不好?
我十二点在学生餐厅前边等你。

Lesson 08
星期六你来我家吧。
我家在海云台。
你的生日是几月几号?
我今年二十岁。
你今年多大?
你知道他的电话号码是多少吗?

Lesson 09
我家有四口人。
有爸爸、妈妈和我。
我爸爸在公司工作。
你妈妈很漂亮。
我妈妈不工作。
你看看这张照片。

Lesson 10
你觉得汉语难不难?
我们系留学生很少。
大概有多少个人?
他有点儿胖。
你有兄弟姐妹吗?
你弟弟还是高中生。

Lesson 11
我每天六点半起床。
一般在学生餐厅吃午饭。
我们一起去看电影, 怎么样?
下午两点在学生宿舍前边见面吧!
吃完饭后, 做作业、看电视。
晚上十二点睡觉。

Lesson 12
你想吃什么?
吃中国菜还是韩国菜?
你的爱好是看电影吗?
我一天喝一杯或者两杯。
今天我请客。
给你女朋友打电话问问, 怎么样?

3단계 ▶154p

1. 现在几点
2. 我十一点五十分下课
3. 你的生日是几月几号
4. 你的老家在哪儿
5. 你家有几口人
6. 我有一个弟弟, 他有点儿胖
7. 你每天几点起床
8. 下午两点在学生宿舍前边见面吧
9. 你想吃什么
10. 你呢

해석

Lesson 01

회화1
시진밍 안녕!
정미영 안녕!

시진밍,정미영 선생님, 안녕하세요!
장 선생님 여러분, 안녕!

시진밍 안녕![아침 인사]
정미영 안녕![아침 인사]

Lesson 02

회화1
정미영 고마워!
시진밍 천만에!

정미영 미안해!
시진밍 괜찮아!

정미영 잘 가!
시진밍 내일 봐!

Lesson 03

회화1
김대한 안녕하세요! 당신은 학생인가요?
왕동동 네, 저는 학생이에요.
김대한 그도 학생인가요?
왕동동 네, 그도 학생입니다.

회화2
왕동동 당신들은 중국 유학생인가요?
김대한 우리는 중국 유학생이 아니고, 한국 학생입니다.
왕동동 저 사람들도 모두 한국 학생인가요?
김대한 아니요. 저 사람들은 모두 중국 유학생입니다.

Lesson 04

회화1
시진밍 당신은 중국인입니까?
김대한 저는 중국인이 아니고, 한국인입니다.
시진밍 당신 친구도 한국인입니까?
김대한 내 친구는 한국인이 아니고. 중국인입니다.

회화2
왕동동 안녕하세요! 당신은 일본인입니까?
정미영 아닙니다.
왕동동 그럼 당신은 어느 나라 사람입니까?
정미영 저는 한국인입니다.
왕동동 이름이 무엇입니까?
정미영 저는 정미영이라고 합니다.
왕동동 저는 왕동동이라고 합니다.

Lesson 05

회화1
장 선생님 안녕하세요! 성이 뭐지요?
정미영 정씨입니다.
장 선생님 이름은 무엇인가요?
정미영 정미영입니다.
장 선생님 한국 학생이지요?
정미영 네, 저는 한국 학생입니다.
장 선생님 저는 중국어 선생님입니다.
          장지에라고 해요.
정미영 장 선생님, 안녕하세요!
장 선생님 안녕하세요!

회화2
- 김대한: 실례합니다. 당신은 학생인가요?
- 장 선생님: 아니요. 저는 선생님입니다.
- 김대한: 그래요? 죄송합니다! 죄송해요!
- 장 선생님: 괜찮아요. 성이 어떻게 되나요?
- 김대한: 김씨이고 김대한이라고 합니다. 선생님은 성이 어떻게 되십니까?
- 장 선생님: 나는 장씨입니다. 장지에라고 해요. 알게 되어서 반갑습니다.
- 김대한: 저도 만나 뵙게 되어서 반갑습니다.

Lesson 06

회화1
- 김대한: 안녕! 너는 어느 학과 학생이니?
- 왕동동: 나는 한국어과 학생이야.
- 김대한: 나는 중문과 학생이야.
- 왕동동: 나는 한국 친구 한 명이 있는데, 그 친구는 중문과 학생이야.
- 김대한: 이름이 뭐야?
- 왕동동: 이름은 정미영이야.
- 김대한: 나도 그녀를 알아. 너는 몇 학년 학생이니?
- 왕동동: 나는 1학년 학생이야.
- 김대한: 나도 1학년 학생이야. 우리 친구하자!
- 왕동동: 좋아!

회화2
- 정미영: 너희 둘이 서로 인사해.
- 김대한: 안녕! 난 김대한이라고 해.
- 시진밍: 안녕! 나는 시진밍이라고 해. 너는 무슨 공부하니?
- 김대한: 나는 중국어를 공부해. 중문과 1학년 학생이야. 너는 어느 학과 학생이니?
- 시진밍: 나는 국제무역학과 학생이야. 나도 1학년 학생이야.

Lesson 07

회화1
- 정미영: 시진밍, 지금 몇 시야?
- 시진밍: 지금 1시 20분이야. 너 오늘 수업 있어?
- 정미영: 오후 2시에 수업 있어.
- 시진밍: 무슨 수업 있는데?
- 정미영: 중국어 회화 수업이 있어.
- 시진밍: 몇 시간 수업 있어?
- 정미영: 두 시간 수업 있어.
- 시진밍: 내일도 수업 있니?
- 정미영: 내일은 수업 없어.

회화2
- 시진밍: 미영아, 너 내일 몇 시에 수업 있어?
- 정미영: 나 내일 오전 10시에 수업이 있어.
- 시진밍: 몇 시에 수업이 끝나니?
- 정미영: 11시 50분에 수업이 끝나.
- 시진밍: 우리 같이 점심 먹을래?
- 정미영: 좋아! 12시에 학생 식당 앞에서 기다릴게.

Lesson 08

회화1
- 김대한: 동동, 토요일에 무슨 일 있니?
- 왕동동: 이번 주 토요일에 별일 없어.
- 김대한: 이번 주 토요일이 내 생일이야. 토요일에 우리 집에 와.
- 왕동동: 좋아, 꼭 갈게. 너희 집이 어디야?
- 김대한: 우리 집은 해운대에 있어. 네 생일은 몇 월 며칠이니?
- 왕동동: 내 생일은 4월 29일이야.
- 김대한: 올해 몇 살이야?
- 왕동동: 올해 20살이야. 너는?
- 김대한: 나는 올해 22살이야.

회화2

- 김대한: 네 고향은 어디야?
- 왕동동: 내 고향은 베이징이야.
- 김대한: 나는 중국 친구 한 명이 있는데, 그 친구 고향도 베이징이야.
- 왕동동: 이름이 뭔데?
- 김대한: 시진밍이라고 해. 국제무역학과 1학년 학생이야.
- 왕동동: 걔! 내 고등학교 친구야. 걔 전화번호 몇 번인지 아니?
- 김대한: 알아. 걔 전화번호는 010-2345-6789야.

Lesson 09

회화1

- 정미영: 시진밍, 너희 집 식구는 몇 명이야?
- 시진밍: 우리 집 가족은 네 명이야.
- 정미영: 누구누구 계시니?
- 시진밍: 아빠, 엄마, 형 그리고 나야.
- 정미영: 너희 아버지는 어디에서 일하셔?
- 시진밍: 회사에서 일하셔. 엄마는 일 안 하셔.
- 정미영: 너희 형은 무슨 일을 해?
- 시진밍: 형은 일 안 해. 대학교 4학년 학생이야.
- 정미영: 형은 어디에서 공부해?
- 시진밍: 서울에서 국제무역을 공부해.

회화2

- 정미영: 시진밍, 이 사진 좀 봐.
- 시진밍: 이것은 너희 가족 사진이지?
- 정미영: 맞아. 이분은 우리 아빠고, 이분은 우리 엄마야.
- 시진밍: 너희 어머니 진짜 예쁘시다.
- 정미영: 듣자하니 네 여자 친구도 매우 예쁘다더라.
- 시진밍: 별말씀을! 이 사람이 네 여동생이지.
- 정미영: 맞아. 그녀는 고등학생이야.
- 시진밍: 네 여동생 정말 귀엽다!

Lesson 10

회화1

- 왕동동: 김대한, 너 요즘 바빠?
- 김대한: 조금 바빠. 중국어 숙제가 비교적 많거든.
- 왕동동: 네 생각에는 중국어가 어렵니 안 어렵니?
- 김대한: 발음은 쉬운데, 한자는 너무 어려워.
- 왕동동: 너희 학과에는 유학생이 많니 적니?
- 김대한: 우리 과에는 유학생이 적어. 단지 두 명뿐이야.
- 왕동동: 우리 과에는 중국 유학생이 많아.
- 김대한: 대략 몇 명이야?
- 왕동동: 대략 20여 명 정도 돼.
- 김대한: 진짜 많다!

회화2

- 김대한: 듣자하니, 네 남자 친구가 잘생겼다는데, 맞아?
- 왕동동: 맞아, 내 생각에는 굉장히 잘생겼어.
- 김대한: 너 형제자매가 있니?
- 왕동동: 나는 남동생이 한 명 있어. 걔는 조금 통통해. 너는?
- 김대한: 나는 누나가 한 명 있는데, 누나는 굉장히 예뻐.
- 왕동동: 너희 누나는 일하니? 어디에서 일해?
- 김대한: 누나는 상하이에서 일해.
- 왕동동: 내 남동생은 아직 고등학생이야.

Lesson 11

회화1
정미영 너 매일 몇 시에 일어나니?
시진밍 나는 매일 6시 30분에 일어나. 7시에 아침을 먹고, 8시에 수업하러 가.
정미영 어디에서 점심을 먹니?
시진밍 보통 학교 학생 식당에서 점심을 먹어.
정미영 저녁에는 뭐 해?
시진밍 저녁을 먹은 후에, 숙제하고, TV 보고, 인터넷 같은 것을 해.
정미영 보통 몇 시에 잠 자?
시진밍 밤 12시에 자.

회화2
시진밍 너 오늘 몇 시에 수업 마쳐?
정미영 오후 4시에 수업 끝나.
시진밍 너 오늘 수업 진짜 많구나!
정미영 나 오늘 수업이 세 과목 있어. 좀 바빠.
시진밍 일요일에 시간 있니?
정미영 시간 있어. 일요일에 별일도 없어.
시진밍 그럼 우리 같이 영화 보러 가는 게 어때?
정미영 좋아! 일요일 언제 어디서 만날래?
시진밍 오후 2시에 학생 기숙사 앞에서 만나자.
정미영 응.

Lesson 12

회화1
정미영 시진밍, 오늘 내가 한턱낼게.
시진밍 너 무슨 좋은 일 있어?
정미영 오늘 내 생일이야. 너 뭐 먹고 싶어?
시진밍 난 무엇이든 다 좋아해.
정미영 너 매일 무슨 요리를 먹니? 중국 요리를 먹니 아니면 한국 요리를 먹니?
시진밍 나는 매일 한국 요리를 먹어.
정미영 그럼 오늘 우리 중국 요리 먹을래?
시진밍 좋아. 학교 근처 식당이 유명해. 싸기도 하고 맛있기도 해.
정미영 좋아. 우리 빨리 가자.

회화2
시진밍 우리 밥 먹고 난 후에 뭐 할까?
정미영 우리 영화 보러 갈래?
시진밍 영화 보는 것이 네 취미야? 최근에 무슨 좋은 영화가 있어?
정미영 나도 몰라. 네 여자 친구에게 전화해서 좀 물어보는 게 어때?
시진밍 좋아. 지금 걸게.
시진밍 전화를 안 받네.
(진밍의 여자 친구가 전화를 받지 않는다)
정미영 그럼 우리 카페 가서 커피 마시자.
시진밍 너는 커피 자주 마셔?
정미영 나는 커피를 자주 마시지는 않아. 너는?
시진밍 나는 커피 마시는 것을 좋아해. 하루에 한 잔이나 두 잔 마셔.

중국어뱅크

바로바로 연습해서 차근차근 나아가는

착착 중국어

STEP 1

김윤경·정성임 지음

워크북

동양북스

중국어뱅크

바로바로 연습해서 차근차근 나아가는

착착
중국어
STEP 1

김윤경·정성임 지음

워크북

동양북스

Lesson 01

간체자 쓰기

획순	你你你你你你你					
你 nǐ 너, 자네, 당신	你 nǐ					

획순	好好好好好好					
好 hǎo 좋다, 훌륭하다	好 hǎo					

획순	老老老老老老		师师师师师师			
老师 lǎoshī 선생님, 스승	老		师			
	lǎoshī					

획순	你你你你你你你		们们们们们			
你们 nǐmen 너희들, 당신들, 자네들	你		们			
	nǐmen					

획순	早早早早早早		上上上			
早上 zǎoshang 아침	早		上			
	zǎoshang					

> 연습 문제

1. 한어병음에 해당하는 한자를 쓰세요.

    (1) nǐ _____   (2) hǎo _____

    (3) lǎoshī _____   (4) nǐmen _____

    (5) zǎo _____   (6) zǎoshang _____

2. 보기에서 알맞은 단어를 골라 대화를 완성하세요.

    > 보기
    > 好   你   早

    (1) A _____ 好!   (2) A 老师好!   (3) A _____ !

    B 你好!   B 你们 _____ !   B _____ 上好!

3. 한국어 대화를 중국어로 번역한 후 읽어 보세요.

    (1) A 안녕!
    → _____

    B 안녕!
    → _____

    (2) A, B 선생님, 안녕하세요!
    → _____

    C 여러분, 안녕!
    → _____

    (3) A 안녕![아침 인사]
    → _____

    B 안녕![아침 인사]
    → _____

Lesson 02

간체자 쓰기

획순	谢谢谢谢谢谢谢谢谢谢		
谢谢	谢	谢	
xièxie	xièxie		
감사합니다, 고맙습니다			

획순	不不不不	客客客客客客客客客	气气气气
不客气	不	客	气
bú kèqi	bú kèqi		
천만에요, 별말씀을요			

획순	对对对对对	不不不不	起起起起起起起起起起
对不起	对	不	起
duìbuqǐ	duìbuqǐ		
미안합니다, 죄송합니다			

획순	再再再再再再	见见见见	
再见	再	见	
zàijiàn	zàijiàn		
잘 가, 또 봐, 안녕히 가세요			

획순	明明明明明明明明	天天天天	
明天	明	天	
míngtiān	míngtiān		
내일			

연습 문제

1. 한어병음에 해당하는 한자를 쓰세요.

    (1) zàijiàn _____   (2) míngtiān _____

    (3) xièxie _____   (4) duìbuqǐ _____

    (5) méi guānxi _____   (6) bú kèqi _____

2. 보기에서 알맞은 단어를 골라 대화를 완성하세요.

    > 보기
    >
    > 没   再   不

    (1) A 谢谢!   (2) A 对不起!   (3) A ____ 见!

    　　B ____ 客气!   　　B ____ 关系!   　　B 明天见!

3. 한국어 대화를 중국어로 번역한 후 읽어 보세요.

    (1) A 고마워!
    → _____

    B 천만에!
    → _____

    (2) A 미안해!
    → _____

    B 괜찮아!
    → _____

    (3) A 잘 가!
    → _____

    B 내일 봐!
    → _____

Lesson 03

획순	是是是是是是是是
是 shì ~이다	是 shì

획순	学学学学学学学 　　生生生生生
学生 xuésheng 학생	学　生 xuésheng

획순	吗吗吗吗吗吗
吗 ma 문미에 쓰여 의문 어기 표시	吗 ma

획순	也也也
也 yě ~도	也 yě

획순	不不不不
不 bù 동사·형용사 앞에서 부정 표시	不 bù

간체자 쓰기

획순	中中中中	国国国国国国国国					
中国 Zhōngguó 중국	中	国					
	Zhōngguó						

획순	留留留留留留留留留留	学学学学学学学学	生生生生生
留学生 liúxuéshēng 유학생	留	学	生
	liúxuéshēng		

획순	韩韩韩韩韩韩韩韩韩韩韩韩	国国国国国国国国					
韩国 Hánguó 한국	韩	国					
	Hánguó						

획순	他他他他他	们们们们们					
他们 tāmen 그들, 그 사람들, 저 사람들	他	们					
	tāmen						

획순	都都都都都都都都都都						
都 dōu 모두, 다, 전부	都						
	dōu						

03 你是学生吗? 7

Lesson 03

1. 한어병음에 해당하는 한자를 쓰세요.

(1) xuésheng _____ (2) wǒmen _____

(3) Zhōngguó _____ (4) liúxuéshēng _____

(5) Hánguó _____ (6) tāmen _____

2. 보기에서 알맞은 단어를 골라 문장을 완성하세요.

> 보기: 都　　是　　不

(1) 你 _____ 学生吗?

(2) 他们也 _____ 是韩国学生吗?

(3) 我们 _____ 是中国留学生，是韩国学生。

3. 다음 단어를 알맞은 순서로 배열하세요.

(1) 学生　你　吗　是

→ _____

(2) 也　学生　是　他

→ _____

(3) 是　中国　留学生　他们　都

→ _____

연습 문제

4. 한국어 대화를 중국어로 번역한 후 읽어 보세요.

(1) A 안녕하세요! 당신은 학생인가요?
→ _____

B 네. 저는 학생이에요.
→ _____

A 그도 학생인가요?
→ _____

B 네. 그도 학생입니다.
→ _____

(2) A 당신들은 중국 유학생인가요?
→ _____

B 우리는 중국 유학생이 아니고, 한국 학생입니다.
→ _____

A 저 사람들도 모두 한국 학생인가요?
→ _____

B 아니요. 저 사람들은 모두 중국 유학생입니다.
→ _____

Lesson 04

획순	人人								
人	人								
rén	rén								
사람									

획순	朋朋朋朋朋朋朋			友大方友					
朋友	朋	友							
péngyou	péngyou								
친구									

획순	丷丷艹芊羊美美			冂冂冂同同国国国					
美国	美	国							
Měiguó	Měiguó								
미국									

획순	艹艹艹艹芢英英			冂冂冂同同国国国					
英国	英	国							
Yīngguó	Yīngguó								
영국									

획순	日冂日日			丅十才木本					
日本	日	本							
Rìběn	Rìběn								
일본									

간체자 쓰기

那么 nàme — 그러면, 그렇다면
획순: 那那那那那那 么么么

哪 nǎ — 어느, 어떤, 어느 것
획순: 哪哪哪哪哪哪哪哪哪

叫 jiào — ~라 부르다
획순: 叫叫叫叫叫

什么 shénme — 무슨, 어떤, 무엇
획순: 什什什什 么么么

名字 míngzi — 이름, 성명
획순: 名名名名名名 字字字字字字

Lesson 04

1. 한어병음에 해당하는 한자를 쓰세요.

   (1) péngyou _____   (2) Rìběn _____

   (3) nǎ _____   (4) shénme _____

   (5) rén _____   (6) míngzi _____

2. 보기에서 알맞은 단어를 골라 문장을 완성하세요.

   > 보기   吗   是   哪   叫   不   也

   (1) 你是中国人 _____ ？

   (2) 我 _____ 是中国人，是韩国人。

   (3) 你朋友 _____ 是韩国人吗？

   (4) 你是 _____ 国人？

   (5) 你 _____ 日本人吗？

   (6) 你 _____ 什么名字？

3. 다음 단어를 알맞은 순서로 배열하세요.

   (1) 你   吗   是   中国人

   → _____

   (2) 哪   你   国   是   人

   → _____

   (3) 郑美英   我   叫

   → _____

> 연습 문제

4. 한국어 대화를 중국어로 번역한 후 읽어 보세요.

(1) A 당신은 중국인입니까?
→ _____

B 저는 중국인이 아니고, 한국인입니다.
→ _____

A 당신 친구도 한국인입니까?
→ _____

B 내 친구는 한국인이 아니고, 중국인입니다.
→ _____

(2) A 안녕하세요! 당신은 일본인입니까?
→ _____

B 아닙니다.
→ _____

A 그럼 당신은 어느 나라 사람입니까?
→ _____

B 저는 한국인입니다.
→ _____

A 이름이 무엇입니까?
→ _____

B 저는 정미영이라고 합니다.
→ _____

A 저는 왕동동이라고 합니다.
→ _____

Lesson 05

획순	姓姓姓姓姓姓姓姓						
姓	姓						
xìng	xìng						
성이 ~이다							

획순	吧吧吧吧吧吧吧						
吧	吧						
ba	ba						
문미에 쓰여 추측 어기 표시							

획순	汉汉汉汉汉			语语语语语语语语			
汉语	汉	语					
Hànyǔ	Hànyǔ						
중국어							

획순	您您您您您您您您您您						
您	您						
nín	nín						
당신 [你의 존칭]							

획순	先先先先先先			生生生生生			
先生	先	生					
xiānsheng	xiānsheng						
선생님, 씨							

간체자 쓰기

획순	请请请请请请请请请	问问问问问问
请问	请 问	
qǐngwèn	qǐngwèn	
말씀 좀 여쭙겠습니다		

획순	贵贵贵贵贵贵贵贵贵	
贵	贵	
guì	guì	
상대방의 성을 높이는 표현		

획순	认认认认	识识识识识识识
认识	认 识	
rènshi	rènshi	
알다, 인식하다		

획순	很很很很很很很很很	
很	很	
hěn	hěn	
매우, 대단히		

획순	高高高高高高高高	兴兴兴兴兴兴
高兴	高 兴	
gāoxìng	gāoxìng	
기쁘다, 즐겁다		

05 你姓什么? 15

Lesson 05

1. 한어병음에 해당하는 한자를 쓰세요.

    (1) xìng _____   (2) Hànyǔ _____

    (3) guì _____   (4) qǐngwèn _____

    (5) rènshi _____   (6) gāoxìng _____

2. 보기에서 알맞은 단어를 골라 문장을 완성하세요.

    보기: 姓　贵　很　不　吧　您

    (1) 你 _____ 什么?

    (2) 张老师, _____ 好!

    (3) 你是韩国学生 _____ ?

    (4) 您 _____ 姓?

    (5) 对 _____ 起!

    (6) 认识你 _____ 高兴!

3. 다음 단어를 알맞은 순서로 배열하세요.

    (1) 韩国　吧　你　是　学生
    → _____

    (2) 贵　您　姓
    → _____

    (3) 高兴　很　认识　你
    → _____

연습 문제

4. 한국어 대화를 중국어로 번역한 후 읽어 보세요.

(1) A 안녕하세요! 성이 뭐지요?
→ _____

B 정씨입니다.
→ _____

A 이름은 무엇인가요?
→ _____

B 정미영입니다.
→ _____

A 한국 학생이지요?
→ _____

B 네, 저는 한국 학생입니다.
→ _____

A 저는 중국어 선생님입니다. 장지에라고 해요.
→ _____

B 장 선생님, 안녕하세요!
→ _____

A 안녕하세요!
→ _____

(2) A 실례합니다. 당신은 학생인가요?
→ _____

B 아니요. 저는 선생님입니다.
→ _____

A 그래요? 죄송합니다! 죄송해요!
→ _____

B 괜찮아요. 성이 어떻게 되나요?
→ _____

A 김씨이고 김대한이라고 합니다. 선생님은 성이 어떻게 되십니까?
→ _____

B 나는 장씨입니다. 장지에라고 해요. 알게 되어서 반갑습니다.
→ _____

A 저도 만나 뵙게 되어서 반갑습니다.
→ _____

Lesson 06

획순	个 个 个
个	个
gè	gè
사람·사물을 셀 때 쓰는 단위	

획순	系 系 系 系 系 系 系
系	系
xì	xì
학과	

획순	韩 韩 韩 韩 韩 韩 韩 韩 韩 韩 / 语 语 语 语 语 语 语 语
韩语	韩 语
Hányǔ	Hányǔ
한국어	

획순	中 中 中 中 / 文 文 文 文
中文	中 文
Zhōngwén	Zhōngwén
중국의 언어와 문자	

획순	几 几
几	几
jǐ	jǐ
몇	

간체자 쓰기

획순	年年年年年年		级级级级级级		
年级	年	级			
niánjí	niánjí				
학년					

획순	互互互互		相相相相相相相相相		
互相	互	相			
hùxiāng	hùxiāng				
서로, 상호					

획순	学学学学学学学学		习习习		
学习	学	习			
xuéxí	xuéxí				
학습하다, 공부하다					

획순	国国国国国国国国		际际际际际际际		
国际	国	际			
guójì	guójì				
국제					

획순	贸贸贸贸贸贸贸贸		易易易易易易易易		
贸易	贸	易			
màoyì	màoyì				
무역, 교역					

Lesson 06

1. 한어병음에 해당하는 한자를 쓰세요.

   (1) guójì _____ (2) Hànyǔ _____

   (3) Zhōngwén _____ (4) niánjí _____

   (5) hùxiāng _____ (6) xuéxí _____

2. 보기에서 알맞은 단어를 골라 문장을 완성하세요.

   > 보기   交   互相   系   个   年级   哪

   (1) 你是 _____ 个系的学生？

   (2) 我是韩语 _____ 的学生。

   (3) 我有一 _____ 韩国朋友。

   (4) 我是一 _____ 的学生。

   (5) 我们 _____ 个朋友吧！

   (6) 你们 _____ 认识一下。

3. 다음 단어를 알맞은 순서로 배열하세요.

   (1) 个   朋友   我   有   一   韩国

   → _____

   (2) 几   你   年级   是   的   学生

   → _____

   (3) 韩语   是   的   我   系   学生

   → _____

> 연습 문제

4. 한국어 대화를 중국어로 번역한 후 읽어 보세요.

(1) A 안녕! 너는 어느 학과 학생이니?
→ _____

B 나는 한국어과 학생이야.
→ _____

A 나는 중문과 학생이야.
→ _____

B 나는 한국 친구 한 명이 있는데, 그 친구는 중문과 학생이야.
→ _____

A 이름이 뭐야?
→ _____

B 이름은 정미영이야.
→ _____

A 나도 그녀를 알아. 너는 몇 학년 학생이니?
→ _____

B 1학년 학생이야.
→ _____

A 나도 1학년 학생이야. 우리 친구하자!
→ _____

B 좋아!
→ _____

(2) A 너희 둘이 서로 인사해.
→ _____

B 안녕! 난 김대한이라고 해.
→ _____

C 안녕! 나는 시진밍이라고 해. 너는 무슨 공부하니?
→ _____

B 나는 중국어를 공부해. 중문과 1학년 학생이야. 너는 어느 학과 학생이니?
→ _____

C 나는 국제무역학과 학생이야. 나도 1학년 학생이야.
→ _____

Lesson 07

획순	现现现现现现现现	在在在在在在			
现在	现	在			
xiànzài	xiànzài				
현재, 지금					

획순	点点点点点点点点点				
点	点				
diǎn	diǎn				
시(시간)					

획순	口口口	语语语语语语语语			
口语	口	语			
kǒuyǔ	kǒuyǔ				
회화, 구어					

획순	两两两两两两两				
两	两				
liǎng	liǎng				
둘					

획순	节节节节节				
节	节				
jié	jié				
여러 개로 나뉜 것을 세는 단위					

간체자 쓰기

획순	上 上 上	课 课 课 课 课 课 课 课 课 课
上课	上 课	
shàngkè	shàngkè	
수업하다, 수업을 듣다		

획순	午 午 午 午	饭 饭 饭 饭 饭 饭 饭
午饭	午 饭	
wǔfàn	wǔfàn	
점심(밥), 오찬		

획순	餐 餐 餐 餐 餐 餐 餐 餐 餐 餐 餐 餐 餐 餐 餐 餐	厅 厅 厅 厅
餐厅	餐 厅	
cāntīng	cāntīng	
식당		

획순	前 前 前 前 前 前 前 前 前	边 边 边 边 边
前边	前 边	
qiánbian	qiánbian	
앞		

획순	等 等 等 等 等 等 等 等 等 等 等 等
等	等
děng	děng
기다리다	

07 现在几点? 23

Lesson 07

1. 한어병음에 해당하는 한자를 쓰세요.

(1) xiànzài _____   (2) jīntiān _____

(3) kǒuyǔ _____   (4) cāntīng _____

(5) yìqǐ _____   (6) wǔfàn _____

2. 보기에서 알맞은 단어를 골라 문장을 완성하세요.

> 보기   节   等   下   点   分   课

(1) 我有汉语口语 _____ 。

(2) 有几 _____ 课?

(3) 现在几 _____ ?

(4) 现在一点二十 _____ 。

(5) 十一点五十分 _____ 课。

(6) 我十二点在学生餐厅前边 _____ 你。

3. 다음 단어를 알맞은 순서로 배열하세요.

(1) 一点   现在   分   二十

→ _____

(2) 吗   有   也   课   明天

→ _____

(3) 吃   一起   我们   午饭

→ _____

> 연습 문제

4. 한국어 대화를 중국어로 번역한 후 읽어 보세요.

(1) A 시진밍, 지금 몇 시야?
→ _____

B 지금 1시 20분이야. 너 오늘 수업 있어?
→ _____

A 오후 2시에 수업 있어.
→ _____

B 무슨 수업 있는데?
→ _____

A 중국어 회화 수업이 있어.
→ _____

B 몇 시간 수업 있어?
→ _____

A 두 시간 수업 있어.
→ _____

B 내일도 수업 있니?
→ _____

A 내일은 수업 없어.
→ _____

(2) A 미영아, 너 내일 몇 시에 수업 있어?
→ _____

B 나 내일 오전 10시에 수업이 있어.
→ _____

A 몇 시에 수업이 끝나니?
→ _____

B 11시 50분에 수업이 끝나.
→ _____

A 우리 같이 점심 먹을래?
→ _____

B 좋아! 12시에 학생 식당 앞에서 기다릴게.
→ _____

Lesson 08

획순	星星星星星星星星	期期期期期期期期期期期
星期 xīngqī 요일	星 期 xīngqī	

획순	这这这这这这这	个个个
这个 zhège 이, 이것	这 个 zhège	

획순	来来来来来来来	
来 lái 오다	来 lái	

획순	一	定定定定定定定定
一定 yídìng 반드시, 꼭	一 定 yídìng	

획순	去去去去去	
去 qù 가다	去 qù	

간체자 쓰기

획순	岁 岁 岁 岁 岁 岁					
岁	岁					
suì	suì					
세, 살						

획순	北 北 北 北 北			京 京 京 京 京 京 京 京			
北京	北	京					
Běijīng	Běijīng						
베이징							

획순	知 知 知 知 知 知 知			道 道 道 道 道 道 道 道 道 道 道 道			
知道	知	道					
zhīdao	zhīdao						
알다, 이해하다							

획순	电 电 电 电 电			话 话 话 话 话 话 话 话			
电话	电	话					
diànhuà	diànhuà						
전화							

획순	号 号 号 号 号			码 码 码 码 码 码 码			
号码	号	码					
hàomǎ	hàomǎ						
번호, 숫자							

08 星期六你有事吗?

Lesson 08

1. 한어병음에 해당하는 한자를 쓰세요.

    (1) xīngqī _____   (2) shēngrì _____

    (3) yídìng _____   (4) lǎojiā _____

    (5) zhīdao _____   (6) diànhuà _____

2. 보기에서 알맞은 단어를 골라 문장을 완성하세요.

    > 보기 多少   多大   六   几   在   岁

    (1) 你今年 _____ ?

    (2) 我今年二十二 _____ 。

    (3) 你的生日是几月 _____ 号?

    (4) 我的老家 _____ 北京。

    (5) 你知道他的电话号码是 _____ 吗?

    (6) 星期 _____ 你有事吗?

3. 다음 단어를 알맞은 순서로 배열하세요.

    (1) 什么   这个   事   没有   我   星期六

    → _____

    (2) 家   在   你   哪儿

    → _____

    (3) 海云台   家   在   我

    → _____

연습 문제

4. 한국어 대화를 중국어로 번역한 후 읽어 보세요.

(1) A 동동, 토요일에 무슨 일 있니?
→ _____

B 이번 주 토요일에 별일 없어.
→ _____

A 이번 주 토요일이 내 생일이야. 토요일에 우리 집에 와.
→ _____

B 좋아, 꼭 갈게. 너희 집이 어디야?
→ _____

A 우리 집은 해운대에 있어. 네 생일은 몇 월 며칠이니?
→ _____

B 내 생일은 4월 29일이야.
→ _____

A 올해 몇 살이야?
→ _____

B 올해 20살이야. 너는?
→ _____

A 나는 올해 22살이야.
→ _____

(2) A 네 고향은 어디야?
→ _____

B 내 고향은 베이징이야.
→ _____

A 나는 중국 친구 한 명이 있는데, 그 친구 고향도 베이징이야.
→ _____

B 이름이 뭔데?
→ _____

A 시진밍이라고 해. 국제무역학과 1학년 학생이야.
→ _____

B 걔! 내 고등학교 친구야. 걔 전화번호 몇 번인지 아니?
→ _____

A 알아. 걔 전화번호는 010-2345-67890야.
→ _____

Lesson 09

획순	爸爸爸爸爸爸爸爸		
爸爸 **bàba** 아빠, 아버지	爸　爸 bàba		

획순	妈妈妈妈妈妈		
妈妈 **māma** 엄마, 어머니	妈　妈 māma		

획순	大大大	学学学学学学学学	
大学 **dàxué** 대학	大　学 dàxué		

획순	首首首首首首首首首	尔尔尔尔尔	
首尔 **Shǒu'ěr** 서울	首　尔 Shǒu'ěr		

획순	张张张张张张张		
张 **zhāng** 사진·종이·탁자 등을 세는 단위	张 zhāng		

간체자 쓰기

획순	照照照照照照照照照照照	片片片片
照片 zhàopiàn 사진	照 片 zhàopiàn	

획순	对对对对对	
对 duì 맞다, 옳다	对 duì	

획순	漂漂漂漂漂漂漂漂漂漂漂	亮亮亮亮亮亮亮亮亮
漂亮 piàoliang 예쁘다, 아름답다	漂 亮 piàoliang	

획순	听听听听听听听	说说说说说说说说说
听说 tīngshuō 듣건대, 듣자하니	听 说 tīngshuō	

획순	可可可可可	爱爱爱爱爱爱爱爱爱爱
可爱 kě'ài 귀엽다, 사랑스럽다	可 爱 kě'ài	

Lesson 09

1. 한어병음에 해당하는 한자를 쓰세요.

   (1) bàba _____   (2) māma _____

   (3) gōngzuò _____   (4) Shǒu'ěr _____

   (5) zhàopiàn _____   (6) piàoliang _____

2. 보기에서 알맞은 단어를 골라 문장을 완성하세요.

   > 보기   什么   学习   合影   和   口   公司

   (1) 你家有几 _____ 人?

   (2) 你家都有 _____ 人?

   (3) 有爸爸、妈妈、哥哥 _____ 我。

   (4) 我爸爸在 _____ 工作。

   (5) 他在首尔 _____ 国际贸易。

   (6) 这是你家的 _____ 吧?

3. 다음 단어를 알맞은 순서로 배열하세요.

   (1) 做   你   哥哥   工作   什么

   → _____

   (2) 照片   看看   你   张   这

   → _____

   (3) 非常   你   妈妈   漂亮

   → _____

연습 문제

4. 한국어 대화를 중국어로 번역한 후 읽어 보세요.

(1) A 시진밍, 너희 집 식구는 몇 명이야?
→

B 우리 집 가족은 네 명이야.
→

A 누구누구 계시니?
→

B 아빠, 엄마, 형 그리고 나야.
→

A 너희 아버지는 어디에서 일하셔?
→

B 회사에서 일하셔. 엄마는 일 안 하셔.
→

A 너희 형은 무슨 일을 해?
→

B 형은 일 안 해. 대학교 4학년 학생이야.
→

A 형은 어디에서 공부해?
→

B 서울에서 국제무역을 공부해.
→

(2) A 시진밍, 이 사진 좀 봐.
→

B 이것은 너희 가족 사진이지?
→

A 맞아. 이분은 우리 아빠고, 이분은 우리 엄마야.
→

B 너희 어머니 진짜 예쁘시다.
→

A 듣자하니 네 여자 친구도 매우 예쁘다더라.
→

B 별말씀을! 이 사람이 네 여동생이지.
→

A 맞아. 그녀는 고등학생이야.
→

B 네 여동생 정말 귀엽다!
→

Lesson 10

획순	最最最最最最最最最最最	近近近近近近近	
最近	最 近		
zuìjìn	zuìjìn		
최근, 요즘			

획순	作作作作作作作	业业业业业	
作业	作 业		
zuòyè	zuòyè		
숙제, 과제			

획순	比比比比	较较较较较较较较较	
比较	比 较		
bǐjiào	bǐjiào		
비교적			

획순	发发发发发	音音音音音音音音音	
发音	发 音		
fāyīn	fāyīn		
발음			

획순	汉汉汉汉汉	字字字字字字	
汉字	汉 字		
Hànzì	Hànzì		
한자			

간체자 쓰기

획순	只只只只只				
只	只				
zhǐ	zhǐ				
단지, 다만, 겨우					

획순	觉觉觉觉觉觉觉觉觉		得得得得得得得得得得		
觉得	觉	得			
juéde	juéde				
~라고 생각하다					

획순	帅帅帅帅帅				
帅	帅				
shuài	shuài				
멋지다, 잘생기다					

획순	有有有有有有	点点点点点点点点	儿儿		
有点儿	有	点	儿		
yǒudiǎnr	yǒudiǎnr				
조금, 약간					

획순	还还还还还还还				
还	还				
hái	hái				
아직도, 아직, 여전히					

10 你最近忙吗?

Lesson 10

1. 한어병음에 해당하는 한자를 쓰세요.

    (1) zuìjìn _____   (2) zuòyè _____

    (3) bǐjiào _____   (4) fāyīn _____

    (5) róngyì _____   (6) juéde _____

2. 보기에서 알맞은 단어를 골라 문장을 완성하세요.

    > 보기   漂亮   只   非常   大概   留学生   帅

    (1) 汉字 _____ 难。

    (2) 我们系留学生很少，_____ 有两个人。

    (3) 我们系中国 _____ 很多。

    (4) _____ 有多少个人？

    (5) 我觉得他非常 _____ 。

    (6) 她非常 _____ 。

3. 다음 단어를 알맞은 순서로 배열하세요.

    (1) 觉得   不   难   你   难   汉语
    → _____

    (2) 个   有   二十   大概   人
    → _____

    (3) 上海   她   工作   在
    → _____

연습 문제

4. 한국어 대화를 중국어로 번역한 후 읽어 보세요.

(1) A 김대한, 너 요즘 바빠?
→

B 조금 바빠. 중국어 숙제가 비교적 많거든.
→

A 네 생각에는 중국어가 어렵니 안 어렵니?
→

B 발음은 쉬운데, 한자는 너무 어려워.
→

A 너희 학과에는 유학생이 많니 적니?
→

B 우리 과에는 유학생이 아주 적어. 단지 두 명뿐이야.
→

A 우리 과에는 중국 유학생이 많아.
→

B 대략 몇 명 정도야?
→

A 대략 20여 명 정도 돼.   B 진짜 많다!
→   →

(2) A 듣자하니, 네 남자 친구가 잘생겼다는데, 맞아?
→

B 맞아, 내 생각에는 굉장히 잘생겼어.
→

A 너 형제자매가 있니?
→

B 나는 남동생이 한 명 있어. 걔는 조금 통통해. 너는?
→

A 나는 누나가 한 명 있는데, 누나는 굉장히 예뻐.
→

B 너희 누나는 일하니? 어디에서 일해?
→

A 누나는 상하이에서 일해.
→

B 내 남동생은 아직 고등학생이야.
→

Lesson 11

획순	起起起起起起起起起	床床床床床床床		
起床 qǐchuáng 일어나다, 기상하다	起 床 qǐchuáng			

획순	学学学学学学学学	校校校校校校校校校		
学校 xuéxiào 학교	学 校 xuéxiào			

획순	后后后后后后			
后 hòu (시간상으로) 뒤의, 후의	后 hòu			

획순	电电电电电	视视视视视视视		
电视 diànshì 텔레비전	电 视 diànshì			

획순	上上上	网网网网网网		
上网 shàngwǎng 인터넷을 하다	上 网 shàngwǎng			

간체자 쓰기

睡觉 shuìjiào — 잠을 자다
획순: 睡睡睡睡睡睡睡睡睡睡　觉觉觉觉觉觉觉觉觉

门 mén — 과목·학문 등을 세는 단위
획순: 门门门

时间 shíjiān — 시간
획순: 时时时时时时时　间间间间间间间

怎么样 zěnmeyàng — 어떻다, 어떠하다
획순: 怎怎怎怎怎怎怎怎怎　么么么　样样样样样样样样样样

见面 jiànmiàn — 만나다, 대면하다
획순: 见见见见　面面面面面面面面面

11 你每天几点起床?

Lesson 11

1. 한어병음에 해당하는 한자를 쓰세요.

    (1) qǐchuáng _____ (2) xuéxiào _____

    (3) shàngwǎng _____ (4) diànyǐng _____

    (5) jiànmiàn _____ (6) sùshè _____

2. 보기에서 알맞은 단어를 골라 문장을 완성하세요.

    > 보기
    > 时候　后　什么　几　点　门

    (1) 晚上你做_____？

    (2) 吃晚饭_____，做作业、看电视、上网什么的。

    (3) 一般_____点睡觉？

    (4) 下午四_____下课。

    (5) 我今天有三_____课。

    (6) 星期天什么_____在哪儿见面？

3. 다음 단어를 알맞은 순서로 배열하세요.

    (1) 七　吃　点　我　早饭
    → _____

    (2) 星期天　事　什么　没有
    → _____

    (3) 见面　下午两点　学生宿舍　吧　前边　在
    → _____

> 연습 문제

4. 한국어 대화를 중국어로 번역한 후 읽어 보세요.

(1) A 너 매일 몇 시에 일어나니?
→

B 나는 매일 6시 30분에 일어나. 7시에 아침을 먹고, 8시에 수업하러 가.
→

A 어디에서 점심을 먹니?
→

B 보통 학교 학생 식당에서 점심을 먹어.
→

A 저녁에는 뭐 해?
→

B 저녁을 먹은 후에, 숙제하고, TV 보고, 인터넷 같은 것을 해.
→

A 보통 몇 시에 잠 자?
→

B 밤 12시에 자.
→

(2) A 너 오늘 몇 시에 수업 마쳐?
→

B 오후 4시에 수업 끝나.
→

A 너 오늘 수업 진짜 많구나!
→

B 나 오늘 수업이 세 과목 있어. 좀 바빠.
→

A 일요일에 시간 있니?
→

B 시간 있어. 일요일에 별일 없어.
→

A 그럼 우리 같이 영화 보러 가는 게 어때?
→

B 좋아! 일요일 언제 어디서 만날래?
→

A 오후 2시에 학생 기숙사 앞에서 만나자!
→

B 응.
→

Lesson 12

획순	请请请请请请请请请	客客客客客客客客客
请客 qǐngkè 한턱내다, 접대하다	请 客 qǐngkè	

획순	想想想想想想想想想想想想想	
想 xiǎng ~하고 싶다, 생각하다	想 xiǎng	

획순	还还还还还还还	是是是是是是是是是
还是 háishi 아니면, 또는	还 是 háishi	

획순	附附附附附附附	近近近近近近近
附近 fùjìn 부근, 근처	附 近 fùjìn	

획순	便便便便便便便便	宜宜宜宜宜宜宜宜
便宜 piányi (가격이) 싸다	便 宜 piányi	

간체자 쓰기

획순	爱爱爱爱爱爱爱爱爱爱		好好好好好好			
爱好	爱	好				
àihào	àihào					
취미, 애호, 애호하다						

획순	给给给给给给给给给					
给	给					
gěi	gěi					
~에게(동작을 받는 대상 표시)						

획순	问问问问问问					
问	问					
wèn	wèn					
묻다, 질문하다						

획순	咖咖咖咖咖咖咖咖		啡啡啡啡啡啡啡啡啡啡啡		厅厅厅厅	
咖啡厅	咖	啡	厅			
kāfēitīng	kāfēitīng					
커피숍						

획순	常常常常常常常常常常常					
常常	常	常				
chángcháng	chángcháng					
늘, 항상, 자주						

12 今天我请客。

Lesson 12

1. 한어병음에 해당하는 한자를 쓰세요.

    (1) qǐngkè _____   (2) fùjìn _____

    (3) yǒumíng _____   (4) piányi _____

    (5) àihào _____   (6) huòzhě _____

2. 보기에서 알맞은 단어를 골라 문장을 완성하세요.

    > 보기   什么   接   或者   快   给   还是

    (1) 我 _____ 都喜欢吃。

    (2) 吃中国菜 _____ 韩国菜?

    (3) 我们 _____ 去吧。

    (4) _____ 你女朋友打电话问问，怎么样?

    (5) 她不 _____ 电话。

    (6) 一天喝一杯 _____ 两杯。

3. 다음 단어를 알맞은 순서로 배열하세요.

    (1) 吃   你   什么   想

    → _____

    (2) 家   又…又…   那   好吃   便宜   的   菜

    → _____

    (3) 咖啡   我们   吧   咖啡厅   那么   去   喝

    → _____

연습 문제

4. 한국어 대화를 중국어로 번역한 후 읽어 보세요.

(1) A 시진밍, 오늘 내가 한턱낼게.
→

B 너 무슨 좋은 일 있어?
→

A 오늘 내 생일이야. 너 뭐 먹고 싶어?
→

B 난 무엇이든 다 좋아해.
→

A 너 매일 무슨 요리를 먹니? 중국 요리를 먹니 아니면 한국 요리를 먹니?
→

B 나는 매일 한국 요리를 먹어.
→

A 그럼 오늘 우리 중국 요리 먹을래?
→

B 좋아. 학교 근처 식당이 유명해. 싸기도 하고 맛있기도 해.
→

A 좋아. 우리 빨리 가자.
→

(2) A 우리 밥 먹고 난 후에 뭐 할까?
→

B 우리 영화 보러 갈래?
→

A 영화 보는 것이 네 취미야? 최근에 무슨 좋은 영화가 있어?
→

B 나도 몰라. 네 여자 친구에게 전화해서 한번 물어보는 게 어때?
→

A 좋아. 지금 걸게. (진밍의 여자 친구가 전화를 받지 않는다) 전화를 안 받네.
→

B 그럼 우리 카페 가서 커피 마시자.
→

A 너는 커피 자주 마셔?
→

B 나는 커피를 자주 마시지는 않아. 너는?
→

A 나는 커피 마시는 것을 좋아해. 하루에 한 잔이나 두 잔 마셔.
→

www.dongyangbooks.com (웹사이트)
m.dongyangbooks.com (모바일)

중국어뱅크
바로바로 연습해서 차근차근 나아가는
착착 중국어 STEP 1

이름

외국어 출판 40년의 신뢰
외국어 전문 출판 그룹
동양북스가 만드는 책은 다릅니다.

40년의 쉼 없는 노력과 도전으로 책 만들기에 최선을 다해온 동양북스는
오늘도 미래의 가치에 투자하고 있습니다.
대한민국의 내일을 생각하는 도전 정신과 믿음으로 최선을 다하겠습니다.

동양북스 추천 교재

일본어 교재의 최강자, 동양북스 추천 교재

회화 코스북

일본어뱅크 다이스키
STEP 1·2·3·4·5·6·7·8

일본어뱅크
New 스타일 일본어 회화
1·2·3

일본어뱅크 도모다찌
STEP 1·2·3

분야서

일본어뱅크
NEW 스타일 일본어 문법

일본어뱅크
일본어 작문 초급

일본어뱅크
사진과 함께하는
일본 문화

일본어뱅크
항공 서비스 일본어

가장 쉬운 독학
일본어 현지회화

수험서

일취월장 JPT
독해·청해

일취월장 JPT
실전 모의고사 500·700

新일본어능력시험
실전적중 문제집 문자·어휘 N1·N2
실전적중 문제집 문법 N1·N2

新일본어능력시험
실전적중 문제집 독해 N1·N2
실전적중 문제집 청해 N1·N2

단어·한자

新버전업
일본어 한자 암기박사

일본어 상용한자 2136
이거 하나면 끝!

일본어뱅크
New 스타일 일본어 한자 1·2

가장 쉬운 독학
일본어 단어장

중국어 교재의 최강자, 동양북스 추천 교재

중국어뱅크 북경대학 한어구어
1·2·3·4·5·6

중국어뱅크 스마트중국어
STEP 1·2·3·4

중국어뱅크 뉴스타일중국어
STEP 1·2

중국어뱅크
문화중국어 1·2

중국어뱅크
관광 중국어 1·2

중국어뱅크
여행 중국어

중국어뱅크
호텔 중국어

중국어뱅크
판매 중국어

중국어뱅크
항공 서비스 중국어

중국어뱅크
의료관광 중국어

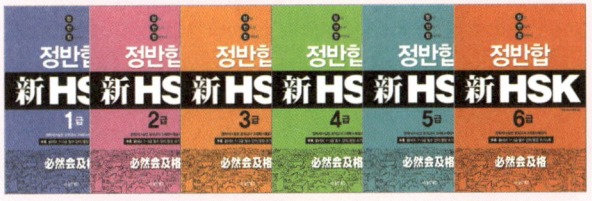 

정반합 新HSK
1급·2급·3급·4급·5급·6급

버전업! 新HSK 한 권이면 끝
3급·4급·5급·6급

   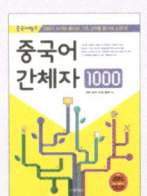 

버전업! 新HSK VOCA 5급·6급

가장 쉬운 독학 중국어 단어장

중국어뱅크
중국어 간체자 1000

新버전업
중국어 한자 암기박사

동양북스 추천 교재

기타외국어 교재의 최강자, 동양북스 추천 교재

중고급 학습

첫걸음 끝내고 보는 프랑스어 중고급의 모든 것 | 첫걸음 끝내고 보는 스페인어 중고급의 모든 것 | 첫걸음 끝내고 보는 독일어 중고급의 모든 것 | 첫걸음 끝내고 보는 태국어 중고급의 모든 것

단어장

버전업! 가장 쉬운 프랑스어 단어장 | 버전업! 가장 쉬운 스페인어 단어장 | 버전업! 가장 쉬운 독일어 단어장

여행 회화

  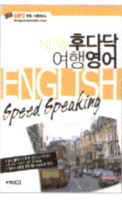   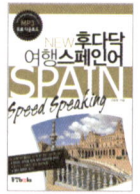  

NEW 후다닥 여행 중국어 | NEW 후다닥 여행 일본어 | NEW 후다닥 여행 영어 | NEW 후다닥 여행 독일어 | NEW 후다닥 여행 프랑스어 | NEW 후다닥 여행 스페인어 | NEW 후다닥 여행 베트남어 | NEW 후다닥 여행 태국어

수험서 · 교재

한 권으로 끝내는 DELE 어휘·쓰기·관용구편 (B2~C1) | 수능 기초 베트남어 한 권이면 끝! | 버전업! 스마트 프랑스어